CW01304903

Léonard

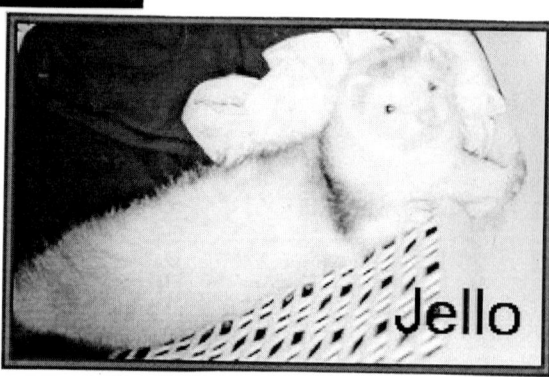

Jello

Kiwi

# Harald M. Schwammer  Les furets

71 photos en couleurs
27 dessins

Ulmer

ANIMAUX DE COMPAGNIE

# Sommaire

Avant-propos 4

## ▮ Qu'est-ce qu'un furet ?   6

Origine, aspect et utilisation   6
La parenté sauvage   9
De l'auxiliaire du chasseur à l'animal domestique   10
Chasser au furet   13

## ▮ Considérations avant l'achat   16

Un petit prédateur comme nouveau membre de la famille ?   18
  Le corps   19
Mâle ou femelle ?   20
Les furets et les autres animaux de la maison   22
Les furets et les enfants   27
Une réputation d'animal malodorant   27

## ▮ Le furet emménage   30

Hébergement et aménagement   32
  Cage   33
  Bac à litière   36
  Écuelles et abreuvoirs   37
  Laisse et harnais   37

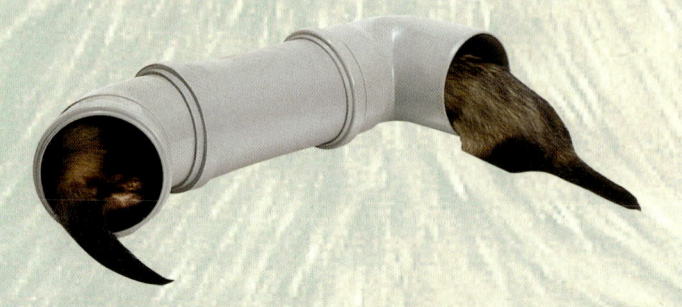

# Sommaire

      Cage de transport   38
          Matériel pour la grimpe et le jeu   39
L'adaptation au nouvel environnement   41
Nettoyage et désinfection   43
Un minimum d'éducation s'impose   44
Apprendre à connaître son comportement   45

## ■ Alimentation et santé   48

Les furets sont des chasseurs   48
      Menus et recettes   50
Avoir un furet en bonne santé   55
    Parasites   56
    Maladies   56
Vaccinations   58
Blessures et accidents   58
Les soins corporels   62

## ■ L'élevage   66

La reproduction   68
Gestation, naissance et élevage   72
Nouvelles sélections   76
Le rêve américain ?   78

## ■ Vacances et voyages   80

Aventure ou fardeau ?   80
Check-list avant de partir en vacances   82
D'un coup d'œil   84

# Avant-propos

Depuis quelques années, de drôles de petites bêtes pleines de vie, les furets, ont fait leur apparition dans le commerce animalier, et on rencontre même de plus en plus souvent des gens qui tiennent en laisse ces petits carnassiers. L'homme les a d'abord domestiqués dans le but bien précis de chasser le lapin de garenne. Mais après avoir été, des siècles durant, l'auxiliaire du chasseur, le furet est entre-temps devenu un animal domestique à part entière.

Accueillir chez soi un nouvel animal familier est une décision qui demande réflexion. C'est en effet s'engager à lui prodiguer des soins réguliers et à le nourrir convenablement. Beaucoup de gens désirent introduire dans leur cadre de vie, souvent urbain, des éléments naturels, et leur engouement pour les animaux s'en trouve renforcé. Sur la liste des élus, il y a, outre les poissons d'aquarium, les canaris, les perruches ondulées, les hamsters, les lapins, les cochons d'Inde, les rats, les chats et les chiens.

De nos jours, les animaux familiers prennent une part essentielle dans l'organisation de loisirs intelligents et reposants. Posséder un animal est désormais bien ancré dans nos mœurs. Malheureusement, de plus en plus d'espèces exotiques n'y trouvent pas leur compte en raison de l'ignorance du propriétaire. Nos animaux familiers classiques, et parmi eux les furets, on fait en revanche l'objet d'une sélection étalée sur des centaines de générations, et c'est pourquoi ils se sont mieux adaptés à cet état domestique que les animaux exotiques.

Les furets se distinguent de tous les autres animaux familiers par leur aspect et leur comportement, et c'est justement cela qui les rend intéressants. Ils ont depuis longtemps une place sûre dans le cœur des connaisseurs et des amateurs. Le furet n'a pas toujours joué ce rôle d'animal de compagnie : il était autrefois un chasseur de lapins. Les amis des furets se rencontrent dans des clubs et, on ne s'en étonnera pas, également sur Internet. Les propriétaires de furets se montrent par là plus modernes que d'autres.

L'auteur, lui-même grand admirateur des furets, a acquis des années d'expérience dans leur entretien et leur élevage. Cet ouvrage se propose donc de présenter ces petits carnassiers qui ne sont pas aussi "nouveaux" qu'on pourrait le penser. Après un retour sur l'histoire des

## Avant-propos

furets, il indique comment s'y prendre avec eux pour les nourrir, les soigner et les élever. Ceux qui sont intéressés par les furets et qui désirent s'en acheter un, et ceux aussi qui en possèdent déjà un depuis longtemps, trouveront dans ce livre matière à s'instruire et à approfondir leurs connaissances. Les furets, faciles à élever pour peu qu'on sache s'y prendre, sont d'adorables boute-en-train qui font la joie de leur propriétaire.

Vienne, automne 2000
Harald M. Schwammer

Le furet reçoit littéralement la nourriture de la main de son maître. Il peut se montrer très docile et très attaché à lui.

Zoé

# Qu'est-ce qu'un furet ?

## Origine, aspect et utilisation

■ Page de droite :
Le furet albinos a un pelage blanc et des yeux rouges.

On sait que, depuis de nombreux siècles, le furet comme animal domestique est présent en Europe du Sud, avant tout dans la péninsule Ibérique et en Italie. La souche est le putois européen, (*Mustela putorius*), de la famille des mustélidés et du genre Mustela. Des furets vivent aujourd'hui encore à l'état sauvage en Sicile et en Sardaigne.

Le furet (*Mustela putorius furo*) est la forme domestiquée issue du putois, qui a vu le jour après une sélection faite au long des siècles pour remplir une tâche bien précise : chasser le lapin de garenne et le rat. Quand on chasse au furet (on dit fureter), on fait pénétrer ce dernier dans le terrier du rat ou du lapin qui, débusqué, filera vers les sorties, où il sera attrapé. Mais dans certaines régions, cette méthode de chasse n'est plus guère utilisée, car les lapins ont été entre-temps décimés en grand nombre par les maladies.

Ne sont à proprement parler désignés sous le nom de furets que les animaux qui, par mutation, sont devenus albinos. Ces derniers sont nés sans aucune pigmentation, ont donc un pelage blanc et des yeux paraissant rouges, car la rétine est également dépourvue de pigment. Le bout du nez sombre au lieu d'être rose, de même les ongles noirâtres, d'une autre couleur que celle des pattes, montrent déjà que ces animaux sont issus de croisements.

À côté des animaux de sang pur, il y a encore ceux qui sont isabelle, blond pâle et surtout ceux qui présentent plus ou moins nettement la teinte et le dessin du putois. Ces furets fauves ou couleur du putois sont issus de croisements avec le putois et sont appelés furets putoisés. On a obtenu ces dernières années, par une sélection poussée, d'autres variantes, aux teintes nouvelles et aux pelages de longueurs différentes. Tous ces furets ont en commun non seulement d'avoir des yeux noirs, mais d'être aussi plus grands et plus forts que les albinos.

■ Le putois européen est la forme primitive, dont est issu le furet domestique.

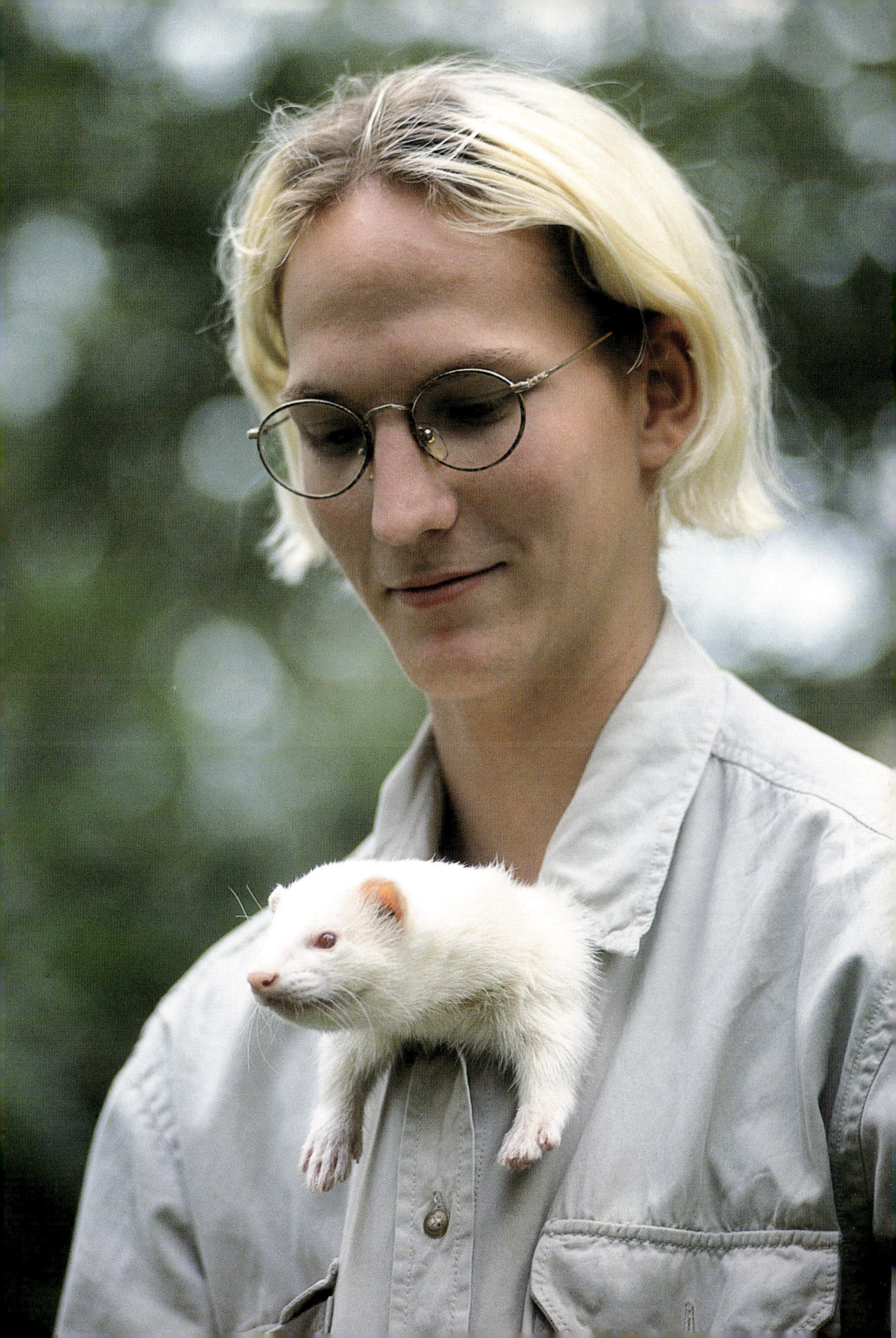

## Qu'est-ce qu'un furet ?

■ Les furets peuvent être rapides comme l'éclair. Les antérieurs et les postérieurs sont unis par paires dans l'effort, ce qui confère à leur déplacement une sorte d'ondulation.

La domestication des putois est déjà évoquée par Aristote (384-322 av. J.-C.)

Deux fois par an, le furet opère la mue de son pelage. En automne, il change son poil court d'été pour un pelage plus long et surtout plus dense pour l'hiver, et, au printemps, il fait l'opération inverse. Chaque fois, la mue est totale, c'est-à-dire que le changement concerne aussi bien les poils de soutien que les poils de couverture. La mue commence à la tête, la nuque et l'échine et se poursuit de là peu à peu jusqu'au reste du corps. La queue vient en dernier. Comme le putois, le furet se déplace en faisant de petits bonds : les antérieurs et les postérieurs se réunissent par paires, et le dos se courbe fortement. Nous décrirons plus loin les sons que le furet émet.

La parenté sauvage

# La parenté sauvage

La parenté des mustélidés comprend cinq sous-familles, avec **la belette, la martre, le blaireau, la mouffette** et **la loutre**, qui groupent 23 genres comptant plus de 60 espèces.

Ordre des Carnivores (Carnivora)
Sous-ordre des Fissipèdes (Fissipedia)
Super-famille des Arctoidea
Famille des Mustélidés (Mustelidae)
Sous-famille des Mustélinés (Mustelinae)
Genre des martres (Martes)

    8 espèces, parmi lesquelles la martre et la fouine
Genre Mustela

    17 espèces, parmi lesquelles, outre la belette et l'hermine, le vison et le putois européen (souche du furet), le furet lui-même.

■ Mustélidés : 1) loutre, 2) vison, 3) mouffette (encore appelée sconse ou skunks), 4) furet putoisé, 5) hermine (pelage d'hiver blanc avec pinceau de poils noirs qui termine la queue), 6) belette.

9

## De l'auxiliaire du chasseur à l'animal domestique

On trouve mention du furet dans des livres très anciens, mais, au Moyen Âge, on les élevait dans le but utilitaire d'assister le chasseur.

Le premier témoignage fiable sur le furet nous vient d'un géographe grec, Strabon, qui semble avoir vécu entre 20 et 60 après J.-C. Il fait le récit d'une chasse aux lapins à l'aide de furets, sur les îles Baléares. Pline l'Ancien (23-79) évoque aussi ce fléau que représentaient les lapins et raconte que les insulaires demandèrent de l'aide à César Auguste, lequel leur fit parvenir quelques Viverrae, terme utilisé par Pline pour

■ Le furet a été pendant très longtemps l'auxiliaire du chasseur.

désigner les furets. Il semble que le furet ait été également utilisé pour la chasse aux lapins, en Espagne, à l'époque de l'invasion arabe. On l'appelait alors furo. C'est ainsi qu'on désignait aussi le furet d'Isidor de Séville (561-636). On pense que le furet était surtout connu dans les pays situés à l'ouest du bassin méditerranéen. À partir de là, il se répandit ensuite dans toute l'Europe, selon la progression des lapins.

On rapporte que Gengis Khan, en 1221, utilisa des furets pour la chasse. En Allemagne, Albertus Magnus (1194-1230) mentionne l'utilisation de furets dressés. L'empereur Frédéric II, si l'on en croit ses registres de chasse de l'an 1245, aurait possédé des furets. En France, vers la fin du XIVe siècle, un dessin dans un registre du comte Gaston Phœbus montre une partie de chasse, avec un furet qui porte une muselière. En Angleterre, la première mention qui en est faite remonte à 1223. Et c'est dans un poème de John of Lydgate, de 1421, que l'on trouve la plus ancienne évocation d'un furet albinos.

Un registre de chasse hollandais du XVIIe siècle fournit d'amples

## De l'auxiliaire du chasseur à l'animal domestique

Le lapin ne peut rien contre la force, la vitesse et la dentition du furet, même si ce dernier est plus petit que lui.

Les différentes variations de couleurs selon l'endroit où le furet vit sont des signes visibles de sa domestication. À côté du brun foncé qui peut tirer sur le noir, on trouve des pelages bruns, blanc jaunâtre et blancs.

informations sur la chasse aux lapins. À l'époque, on pratiquait déjà sciemment une sorte de régulation du nombre des lapins, capturés vivants grâce au furet, en ne relâchant par exemple que les femelles de bel aspect. Les furets firent leur apparition aux USA vers 1870, en Australie en 1887, et en Nouvelle-Zélande en 1897, avec là encore pour mission l'extermination des lapins. Mais à vrai dire, bien que s'étant bien établis et répandus, ils ne purent venir à bout de ce fléau. En revanche, ils comprirent très vite qu'il était plus simple d'attraper les poules de la ferme que de chasser les lapins, et c'est ainsi qu'ils devinrent eux-mêmes une véritable plaie.

11

## Qu'est-ce qu'un furet ?

■ En haut : Creuser, c'est fantastique, aucun pot de fleur n'y résiste !

■ À gauche : Le furet adore jouer. Au programme : on se bagarre, on mesure sa force, bref, on se fait plaisir !

Aujourd'hui, le furet connaît une renaissance : il est devenu un animal domestique toujours plus apprécié, porté par une vague qui déferle sur l'Europe et les États-Unis.

Les furets sont des animaux de compagnie sains et robustes. Ils s'apprivoisent très vite. Leur dynamisme teinté d'humour et leur infatigable envie de jouer font "craquer" toute la famille. Les furets n'ont pas seulement besoin de l'affection de leur propriétaire, ils réclament aussi des jouets pour se distraire et de l'espace pour se mouvoir. Si vous êtes de ceux qui laissent leurs animaux en liberté dans la maison, vous ferez bien de fermer toutes les issues. En effet, leur grande curiosité et leur insatiable besoin de se dépenser en font de véritables rois de la cavale ! Un trou, quel qu'il soit, semble exercer sur eux une attraction magique. Par précaution, placez donc en hauteur et en sécurité les pots de fleurs, où ils aiment creuser, et tout ce qui vous paraît menacé.

## Chasser au furet

Il nous faut ici faire une incursion dans l'ancien "monde du travail" du furet, avant de nous intéresser plus avant à sa situation actuelle. La chasse au furet était jadis, et jusqu'à une époque récente, d'une telle importance pour l'homme qu'il est nécessaire de décrire aussi la méthode pour fureter.

Celle-ci est restée peu ou prou la même tout au long des siècles. Les furets chasseurs traquent certes les souris et les rats, mais ils sont avant tout utilisés pour s'introduire dans les terriers des lapins et les en débusquer. Les lapins cherchent alors à s'échapper par les issues et se font capturer par les chasseurs, munis de cages ou de filets. Plus tard, on utilisa des armes à feu pour tuer les lapins tentant de fuir leurs galeries. Il faut enfin mentionner la chasse à l'épervier, pratiquée en association avec le furet, l'épervier donnant le coup de grâce au lapin en fuite.

Cette pratique de lutte contre les lapins est aujourd'hui encore en vigueur là où il y a interdiction de tirer – dans les cimetières ou encore au bord des voies ferrées, lieux susceptibles d'abriter des terriers. On utilise alors des chiens pour rapporter les fuyards.

■ Le furet sait aussi nager, mais, attention aux bassins ou aux bacs d'où il ne réussirait pas à sortir.

La chasse au furet n'est ouverte que de la mi-septembre à la fin février, car, en dehors de cette période, les jeunes lapins tomberaient naturellement trop facilement sous les dents du carnassier. Il y aurait alors le risque que ce dernier s'en fasse un festin et finisse par s'endormir au fond de la galerie. C'est pourquoi, on prend toujours avec soi deux animaux pour fureter, chacun étant de surcroît muni d'un collier de grelots qui donnera à temps l'alerte aux lapins. Pour empêcher que le furet malgré tout n'attrape et ne tue les lapins adultes dans le terrier même,

## Qu'est-ce qu'un furet ?

■ On reconnaît le petit bandit à son masque : rien n'a de secret pour lui, il met son nez partout : la curiosité se lit sur sa frimousse.

## Chasser au furet

on prend quelques précautions. Une vieille méthode consiste à museler le furet, une autre à lui attacher le museau. Des études réalisées sur un crâne ont même montré qu'on avait limé voire arraché les dents du furet, ce qui est évidemment inacceptable. La muselière et le collier de grelots sont bien les solutions les plus simples. Il peut toujours arriver que le furet reste sourd aux appels et aux sifflets et ne ressorte pas. Il faut alors boucher les issues du terrier et placer sa cage de transport ouverte à l'entrée. Le furet retrouve son chemin en général au bout de quelques heures et réintègre sa cage.

■ Ne serait-ce pas par hasard l'entrée d'un terrier ?

# Considérations avant l'achat

■ Furet aux couleurs fauves et au dessin typique.

Comme pour tous les animaux de compagnie, il faut bien réfléchir avant d'acquérir un furet. Il s'agit d'assumer la responsabilité d'un être vivant, qu'on ne peut échanger comme un vulgaire pull-over qui ne nous convient pas.

Bien entretenus et soignés, les furets vivent huit à dix ans, ce qui représente une charge pour le propriétaire durant toutes ces années. Les animaux se montreront reconnaissants et seront débordants de santé. Il faut se sentir prêt à non seulement nourrir deux fois par jour son animal, mais aussi à lui donner la possibilité de se défouler suffisamment et à lui consacrer également du temps. Sans compter qu'il a absolument besoin d'activités variées.

Comme il est joueur impénitent et curieux de tout, la menace pèse sur tout ce qui peut être renversé, vases et autres objets fragiles. À coup sûr et en un rien de temps, voilà votre beau tapis persan maculé de la terre provenant d'un pot laissé à sa portée ! C'est pourquoi il faut mettre à l'abri les différents objets dans la pièce où votre furet évolue en liberté.

> **CONSEIL**
>
> Au début, ne laissez pas votre furet sans surveillance.
>
> Mettez hors de sa portée les objets dangereux.
>
> Donnez-lui des jeux et des possibilités de grimper.

| Avant d'acheter un furet : |
|---|
| • Se procurer et lire différents ouvrages |
| • Prendre contact avec des éleveurs et des propriétaires de furets |
| • Réunir le maximum d'informations |
| • En Suisse, vous devez obtenir auprès des autorités sanitaires du canton une autorisation pour détenir un furet. Les conditions générales et la taille minimale de la cage sont fixées par décret. |

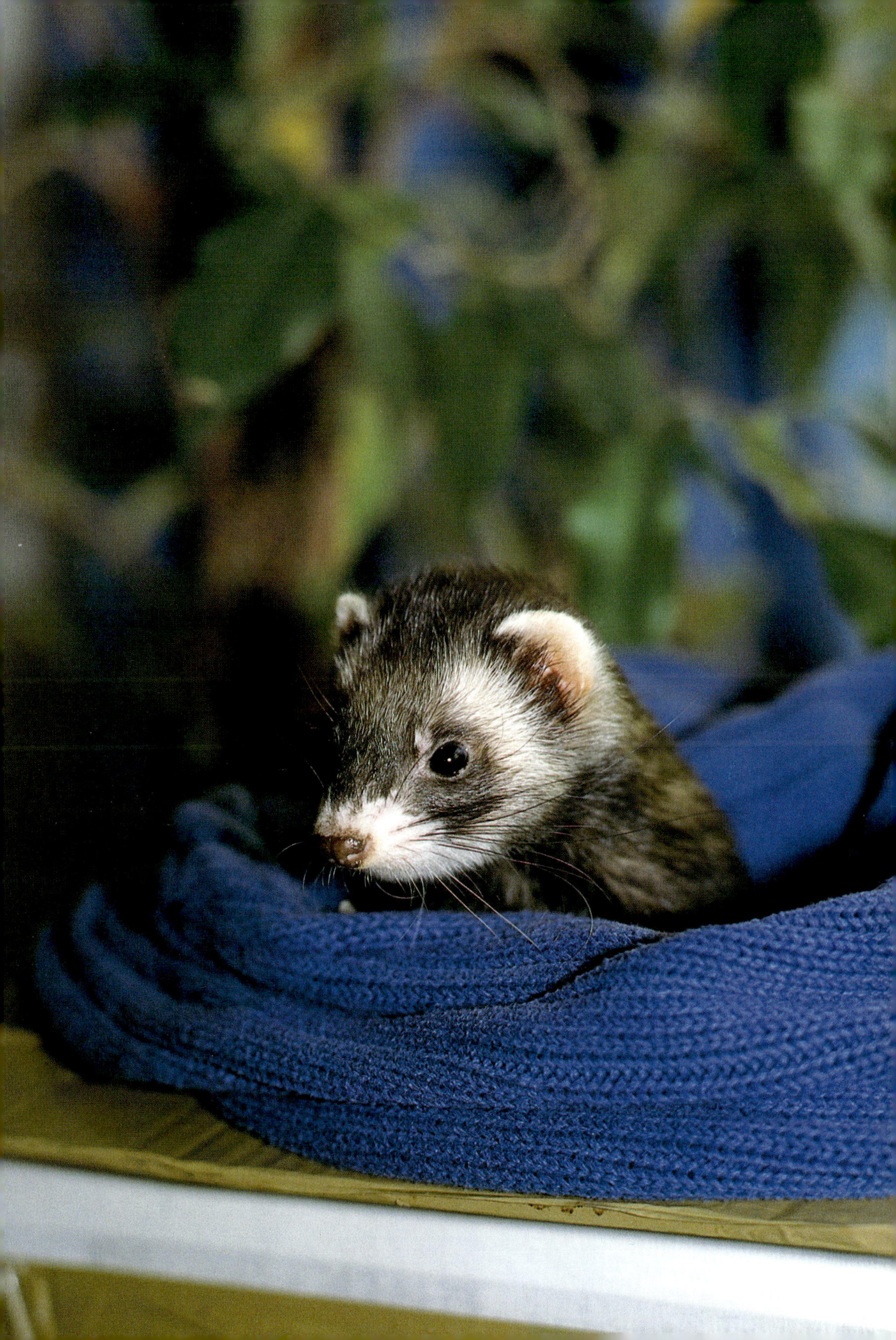

## Considérations avant l'achat

Avoir chez soi un furet est comme avoir un chien ou un chat, et les apprivoiser ne représente pas une grande difficulté. Mais on y arrivera que si l'on ne néglige pas de faire ce que l'on doit. Entre autres obligations, celles de nettoyer quotidiennement la cage et de vider le bac à litière. Il faut savoir à ce propos que les excréments des carnivores (et le furet en est un...) sentent beaucoup plus fort que ceux du cochon d'Inde, du lapin ou du hamster.

Vous allez vite comprendre, au fur et à mesure que vous connaîtrez le furet et son comportement, que vous vous intéressez là à une espèce dont la plupart des gens en réalité ignorent tout. Voyant pour la première fois un furet, certains croient avoir affaire à un loir, d'autres à un rat musqué. Mais je vous entends d'ici leur dire avec fierté : "Non, c'est un furet, un véritable carnassier, mon nouvel animal de compagnie !"

■ Avec ses longues canines, le furet est sûr de bien tenir sa proie.

## Un petit prédateur comme nouveau membre de la famille ?

Les soins à prodiguer au furet sont comparables à ceux que l'on donne aux chiens et aux chats. Comme eux, c'est un carnassier, une espèce carnivore. On peut le vérifier à sa dentition semblable, avec ses 34 dents, parmi lesquelles les imposantes canines. Il faut être conscient qu'on fait entrer dans la maison un carnassier, qui a donc besoin chaque jour d'une nourriture carnée. Les furets, s'ils ne sont certes plus capables de retourner à l'état sauvage, en raison même d'une domestication très ancienne, n'en ont pas perdu pour autant leur instinct de prédateurs. Les hamsters, les cochons d'Inde, les lapins et les perruches ondulées sont des proies potentielles pour eux, lorsqu'ils partagent tous le même territoire. Ce qui signifie qu'il faut absolument éviter le contact entre eux pour que le furet ne provoque pas un drame en tuant et dévorant l'un des animaux de la maison.

■ 1-3 : incisives
C : canines
P 1-P4 : carnassières
M 1-2 : molaires

## Le corps

Le furet a un corps allongé et cylindrique. La tête est dans le prolongement direct de son cou puissant. La queue est bien fournie et mesure à peu près la moitié de la longueur du corps. Ce plantigrade court sur pattes est d'une extraordinaire mobilité. Le corps est tellement souple qu'on a l'impression, au toucher, de tenir un animal dépourvu de squelette. Des griffes puissantes non rétractiles lui permettent même de creuser. La tête est relativement courte, arrondie et se termine en pointe. Ses yeux et son nez (le museau est en général couleur chair) sont relativement petits. Les oreilles sont arrondies ou légèrement

▪ Les furets sont des animaux sociables. Mais les mâles se battent pour les femelles et ne se supportent pas vraiment bien entre eux.

▪ Ils se déplacent par petits bonds.

19

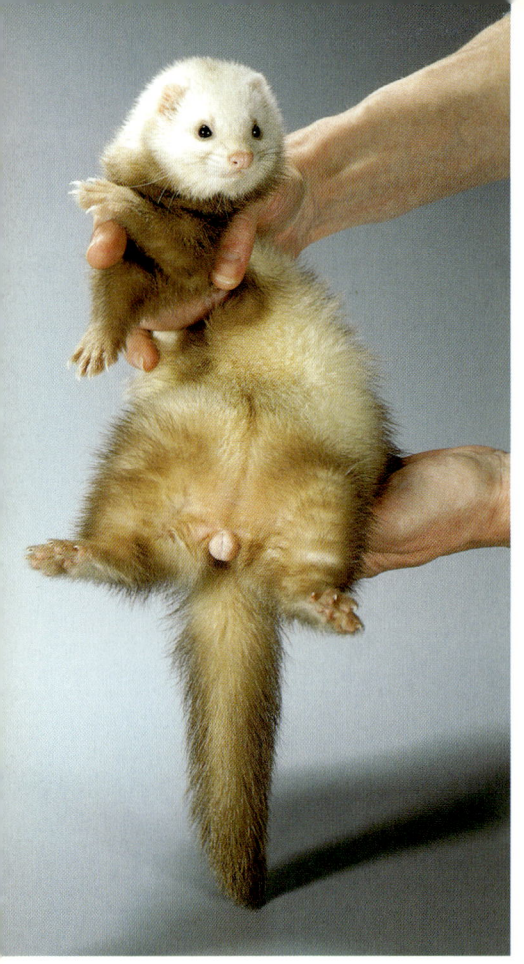

## Considérations avant l'achat

triangulaires et dotées d'une chambre amplificatrice caractéristique, et ont une forme et une taille idéales pour les incursions dans les galeries. Son odorat et sa vue sont très développés et font du furet un chasseur redoutable qui se montre le plus actif à la nuit tombante.

Sa démarche est tantôt lente et traînante, tantôt agitée et sautillante. Le plus souvent, il se déplace furtivement, le nez collé au sol à la recherche d'une proie. Quand il se sent en sécurité, il se livre souvent à de petits sauts comiques et fait entendre de curieux gloussements. Mais il reste, là encore, très attentif à tout ce qui se passe dans son environnement.

## Mâle ou femelle ?

La première question que l'on se pose après s'être décidé à accueillir un furet chez soi est de savoir si ce doit être un mâle ou une femelle.
Contrairement au putois d'Europe, les furets, les femelles surtout, sont des animaux sociables. Quand ils sont tout seuls, ils se montrent très vite dociles envers l'homme, mais ce dernier ne peut à vrai dire se substituer aux animaux pour répondre aux besoins de sociabilité qui sont les leurs. Si vous en avez donc la possibilité, faites l'acquisition de deux furets. Deux animaux ne demandent d'ailleurs pas beaucoup plus de travail. Mais deux mâles ensemble ne se supportent pas. Celui qui vous parle a détenu dans la même cage deux femelles qui ont sans problème cohabité et élevé leur progéniture, mais le mâle avait été éloigné pendant cette période. La meilleure solution est d'avoir un couple, mais se pose alors la question de savoir si l'on veut vraiment se lancer dans l'élevage. Au cas où vous décideriez d'avoir un seul animal, il vous faut tenir compte

■ Pendant la période de reproduction, on reconnaît la femelle à sa vulve enflée.

Avoir un couple de furets signifie automatiquement qu'il y aura une portée. D'où la question : Êtes-vous prêt à élever et héberger les petits ?

Mâle ou femelle ?

de certaines choses importantes :

Le mâle possède des glandes odorantes plus développées que la femelle. Il émet donc une odeur plus nauséabonde. À l'époque des amours, il sent particulièrement fort et il marque son territoire. C'est un facteur qui ne doit pas être négligé.

L'odeur caractéristique du furet est légèrement douçâtre, sauvage. Les membres de la famille s'y habituent vite, lorsque l'animal est dans la maison. Mais les visiteurs seront immédiatement frappés par cette odeur. Opter pour une femelle, qui dégage une odeur particulière beaucoup moins forte, qui est de surcroît plus petite et plus maniable, semble donc plus raisonnable. Les exigences concernant la taille de la cage, les soins et la nourriture sont quasiment les mêmes pour les mâles et les femelles. Comme chez tous les mustélidés, les mâles sont toujours plus imposants que les femelles. Ces dernières ont un corps d'environ 25 à 40 cm de long pour un poids pouvant atteindre 850 g; les mâles mesurent jusqu'à 60 cm et peuvent peser 2 kg. Il n'est pas non plus difficile de différencier les sexes chez les jeunes et les adultes, même en dehors de la période de reproduction : chez le mâle, l'orifice génital se situe à peu près à hauteur de nombril, chez la femelle, la vulve est proche de l'orifice anal. À l'époque de l'accouplement, la vulve de la femelle est gonflée, chez le mâle les testicules sont apparents. Les furets, à condition que l'on ait exclu des croisements les putois européens, sont moins grands et moins gros que ces derniers. Particularité : comme eux, ils sont soumis à une variation de poids liée au photopériodisme. En automne, quand les jours raccourcissent, leur corps se couvre d'une épaisseur de graisse qui peut représenter jusqu'à 40% de leur poids. Durant l'hiver, jusqu'au début du printemps, ils puisent dans cette réserve de graisse.

■ Animaux très sociables, les furets aiment se disputer gentiment pour un jouet.

Considérations avant l'achat

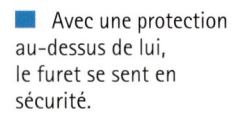

■ Avec une protection au-dessus de lui, le furet se sent en sécurité.

Ne vous étonnez donc pas si votre furet devient très gros en automne. Il n'est pas malade, ne souffre d'aucun excès de table ni d'aucuns troubles intestinaux et ne doit pas par conséquent être vu par un vétérinaire.

## Les furets et les autres animaux de la maison

Lorsque le furet entre dans la maison, d'autres animaux souvent y habitent déjà. Et comme il ne faut pas compter sur lui pour réprimer son instinct de chasseur, il faut tenir à l'écart les rongeurs tels que les souris, les hamsters, les cochons d'Inde et aussi les lapins. Ils seraient attaqués voire tués par ce petit prédateur, car tous sont des repas potentiels. Cependant, la cohabitation sous un même toit est possible, à condition de les faire vivre dans des pièces à part. Mais il faut veiller malgré tout à ce que la cage de la "proie" soit suffisamment sûre pour que le furet ne puisse en aucun cas y pénétrer. Le furet met à profit le moindre interstice pour accéder à sa victime et peut même la manger à travers les barreaux de la cage. À côté d'autres mammifères, les oiseaux figurent aussi sur la liste de ses proies, que ce soit un canari ou une poule. La seule présence de notre prédateur, même tenu à bonne distance, signifie souvent pour les oiseaux d'intérieur un stress important

> **CONSEIL**
> À la maison, prédateurs et proies potentielles doivent, par précaution, vivre séparés. Histoire de leur éviter un stress inutile...

22

Les furets et les autres animaux de la maison

susceptible d'attenter à leur santé. Le mieux est de placer les oiseaux dans une pièce à part.

D'autres animaux, comme les chiens et les chats, s'adaptent en général sans grandes difficulté à la présence du furet. Ils feront connaissance à travers des grilles protectrices, sous l'œil vigilant du maître de maison. La patience aidant, on pourra laisser s'établir entre eux un contact direct. Si tout se passe dans le calme nécessaire, il n'y aura aucun problème. Plus tard, les animaux pourront rester ensemble de plus en plus longtemps. Il est évident aussi que les choses se passent encore mieux quand il s'agit d'animaux jeunes.

> **CONSEIL**
> Les animaux jeunes s'habituent mieux les uns aux autres.

Il faut savoir également que certains chiens, devenus avec l'âge d'incurables solitaires, ne supportent plus rien. Il y a aussi ceux que leurs maîtres ont stupidement dressés contre les chats et qui considèrent les furets comme des proies potentielles. Les mouvements extrêmement rapides de ces derniers réveillent l'instinct du chasseur chez le chien, qui passe alors à l'attaque.

Les animaux dont le caractère est difficile à déterminer devront faire connaissance en se flairant d'abord à distance. Pour éviter un drame, la première rencontre se fera à travers une grille. Le furet peut, à cette occasion, rester dans sa cage de transport. Les réactions du chien ou du chat vous permettront vite de savoir si l'adaptation sera facile ou laborieuse. Selon ce qu'il en est, vous aurez à faire preuve de plus ou moins de patience dans cette phase-là.

■ Le furet et le chien de la maison peuvent devenir bons amis, à condition qu'on les habitue prudemment à la cohabitation. En revanche, méfiez-vous des chiens qui ne sont pas les vôtres.

## Considérations avant l'achat

Si le chien est bien dressé, le plus simple est de le placer devant la cage du furet. Tranquillisez-le, mais en lui interdisant aussi de se jeter sur le furet. Laissez-leur petit à petit de plus en plus de liberté. Pour le chien, cela signifie qu'il pourra, le lendemain, évoluer librement autour de la cage et la renifler à son gré. Au moindre signe d'agressivité, il faut le reprendre et le calmer de nouveau. Cette méthode est valable pour tous les chiens, mais elle prend plus ou moins de temps selon les caractères, jusqu'à ce que les deux protagonistes se saluent joyeusement à travers les grilles. Arrive alors le moment où l'on prend dans ses mains le furet et où on fait venir le chien à son contact. Il faut, là encore, se montrer prudent.

> Dans la lutte pour la dominance, un furet peut en saisir un autre à la nuque, c'est de bonne guerre. Mais si le plus faible se fait trop fortement secouer, c'est qu'il y a trop d'agressivité dans l'air.

On ne doit jamais oublier que les chiens, les chats et les furets, bien qu'ils soient tous des carnassiers, ne "s'expriment" pas de la même manière. Pour un furet, mordiller doit s'interpréter comme une invitation à jouer, alors que le chien, effrayé, peut y voir une volonté d'agression. Si le chien est bien éduqué et obéissant, il n'y aura pas de véritable problème. Si vous avez réussi à faire de lui un animal bien intégré dans la maison, vous n'aurez pas de difficulté à en faire autant avec votre furet.

Si vous voulez faire cohabiter deux furets, il faut savoir qu'il y aura entre eux, inéluctablement, une lutte pour la première place. Elle peut prendre la forme de disputes sans conséquences mais aussi celle d'un combat violent. Cette lutte d'influence entre furets se termine parfois très vite. Mais il peut arriver aussi que cette "guerre" dure plusieurs mois. Ce sont surtout les animaux ayant vécu longtemps seuls qui ont des problèmes d'adaptation. Il vous faudra dans ce cas beaucoup de patience. Placez les furets en terrain neutre. Aucun des deux n'aura ainsi l'avantage et ne considérera l'autre comme un intrus sur son territoire. Occupés à s'observer et à découvrir les lieux, et quelque peu moins sûrs d'eux, ils se montreront moins combatifs. Si, toutefois, vous ne voulez pas même courir ce risque, mettez simplement les deux cages l'une en face de l'autre. Puis, pour qu'ils fassent connaissance, échangez leurs couvertures toutes imprégnées de leur odeur respective. Et quand tous deux se dresseront contre la grille de leur cage, vous verrez tout de suite si le courant passe ou non entre eux.

■ Les furets aiment à se chamailler.

Si on baigne les deux animaux et qu'on les mette ensemble tout de suite après, la marque olfactive qui leur est propre s'estompe et avec elle l'envie de chercher querelle. On ne doit évidemment pas les laisser sans surveillance tant que ce problème de domination n'est pas réglé et que le risque de combats existe. S'il y a malgré tout blessure par morsure, l'animal agressé poussera des cris stridents qu'on ne peut ignorer. Criez "Non !", saisissez l'agresseur à la nuque, secouez-le doucement et replacez-le dans sa cage en répétant avec vigueur "Non !". Renouvelez patiemment ces tentatives d'éducation en observant les réactions des animaux. Quand ils se renifleront les oreilles et le cou ou quand ils se lécheront, cela voudra dire que vous aurez gagné la partie et que les furets vont désormais se supporter.

Il peut arriver que leur jeu paraisse parfois brutal, mais il serait dommage dans ce cas de les séparer trop vite, à plus forte raison s'ils ont déjà plusieurs sorties en commun à leur actif. Deux mâles s'habituent difficilement l'un à l'autre, a fortiori lorsqu'une femelle se trouve dans les parages. Enivrés par l'odeur, ils combattent alors impitoyablement pour la conquérir.

■ Le furet cherche à s'introduire partout, rien ne résiste à sa curiosité.

Considérations avant l'achat

Élever un furet est une expérience très intéressante.

## Les furets et les enfants

Les furets doivent absolument être tenus éloignés des bébés. Non qu'il faille s'attendre à de l'agressivité de la part des animaux, mais ces derniers pourraient, à cause de leur trop plein d'énergie, blesser le petit enfant. À l'inverse, l'enfant peut se montrer maladroit en saisissant le furet, qui, en réaction, lui mordra le doigt. On peut éviter d'en arriver là.

Le furet est plus exigeant que d'autres animaux familiers convenant parfaitement aux enfants, tels que le lapin et le cochon d'Inde. Il ne peut être considéré comme un compagnon de jeux pour les plus petits, car il faut faire preuve d'un certain sens des responsabilités : il ne convient donc pas à des enfants de moins de dix ans. En revanche, il contribuera de manière ludique à responsabiliser les plus âgés et à créer ainsi des liens d'amitié.

## Une réputation d'animal malodorant

Le furet adulte dégage une odeur spécifique que d'aucuns jugent désagréable. N'oublions pas que les furets sont issus des "putois", ce qui signifie "puant" en vieux français. Certes, un bain masque l'odeur, mais elle revient bien vite. Le mâle sent particulièrement fort, surtout à l'époque des amours.

L'odeur des mustélidés provient d'une sécrétion des glandes anales situées à la sortie des intestins. Le furet a besoin de cet organe pour marquer son territoire et pour communiquer aussi avec ses congénères. Cette sécrétion aux forts relents joue un rôle important chez tous les mustélidés, au moment de la reproduction. De temps à autre, mais surtout à l'époque des amours, le furet la dépose sur le sol en se frottant le postérieur, et son pelage s'en trouve par là même imprégné.

> **CONSEIL**
> En appartement il est conseillé d'avoir une femelle. Son odeur, plus discrète que celle du mâle, n'est perceptible que de près.

Comme les mâles dégagent une odeur beaucoup plus puissante que les femelles, il est conseillé, dans un appartement, d'avoir une femelle. Les narines sensibles percevront évidemment cette odeur, même celle plus discrète de la femelle, mais seulement lorsqu'on est à son contact direct ou quand on la porte sur soi. Pour éviter les odeurs, il faut que la cage et le bac à litière du furet soient toujours propres. Les chiens et les chats ont aussi leur propre odeur, et, chez la femelle du furet, elle

## Considérations avant l'achat

■ **Attention**, il y a des jeux qui peuvent être douloureux. Les enfants plus âgés en sont bien conscients.

**A SAVOIR** Il est possible de supprimer l'odeur des mâles en les castrant et en leur ôtant les glandes anales. Cette opération est interdite dans certains pays, comme l'Allemagne, car considérée comme de la cruauté.

n'est pas plus forte, mais différente. Décider d'acquérir un furet comme animal familier est un choix personnel. Et si l'on ne supporte pas son odeur typique, mieux vaut opter pour des poissons rouges.

Dans des cas très rares, les glandes odorantes produisent leurs sécrétions par réaction de peur, qui peut être provoquée par une porte qui claque bruyamment ou par la chute d'un objet lourd. Se dégage alors une intense puanteur. On éloignera cette odeur locale qui ne dure pas en nettoyant la sécrétion répandue à l'eau et au savon. La meilleur manière de prévenir ce genre d'incident est encore de s'occuper intensément de son furet. Grâce à cela, il n'aura plus peur aussi facilement et il se familiarisera vite avec son environnement et ceux qui

## Une réputation d'animal malodorant

l'habitent. Quand les glandes anales s'activent chez la mouffette, un parent sauvage du furet, c'est un événement d'une autre gravité qu'on n'est pas près d'oublier : vêtements et tapis ne sont alors plus bons qu'à être brûlés...

■ Une belle fourrure, oui, mais portée par celui auquel elle appartient...

En France, comme au Québec ou aux États-Unis, il est courant de faire enlever ces glandes par le vétérinaire. Cette mesure, à elle seule, ne suffit cependant pas pour supprimer l'odeur chez le mâle : pour cela, il faut aussi le castrer vers l'âge de six mois. Signalons qu'en Autriche et en Allemagne, l'ablation des glandes anales est interdite par la loi, sauf indication médicale particulière. En effet, la suppression de ces glandes prive les mâles d'un instrument de communication important et, pour cette raison et parce qu'elles sont mutilantes, ces opérations y sont considérées comme de la cruauté envers les animaux.

# Le furet emménage

**Page de droite :** Ces deux-là apprécient vraiment ce hamac : ils peuvent non seulement s'y cacher et dormir, mais encore sortir la tête et embrasser d'un coup d'œil leur environnement.

La décision est prise, il y aura un petit nouveau dans la famille. Tous ont donné leur accord et se sont bien informés sur la manière de s'occuper de lui.

Que vous alliez acheter l'animal chez un éleveur privé ou dans une animalerie, le plus important est que vous vérifiiez les conditions dans lesquelles les animaux y vivent. Allez les voir sur place, plusieurs fois si possible, avant de conclure votre affaire. N'achetez pas le premier animal venu. Prenez le temps et comparez. Vous serez étonné de constater combien les caractères sont différents. Les couleurs et les dessins sont aussi affaire de goût. Il en va du choix d'un jeune furet comme de celui d'une portée de chiens ou de chats : l'un de ces tout petits se détache du lot par son comportement, et vous voilà séduit ! Informez-vous auprès des différents éleveurs de l'âge, de la couleur et du sexe des jeunes qu'il propose. Demandez si leurs vaccins sont à jour. Les vaccins administrés en plus peuvent augmenter le prix d'achat.

Les petits provenant de chez un éleveur qui, outre les furets, élève aussi d'autres animaux, connaissent déjà le comportement des chiens ou des chats par exemple et ne sont par conséquent plus aussi craintifs. Si vous avez des enfants ou des animaux auxquels votre furet devra s'accoutumer, choisissez-le donc bien dès le départ pour éviter à tout le monde le maximum de stress dans la période d'adaptation.

L'éleveur responsable, qui veut savoir exactement entre les mains de qui il va laisser ses animaux, vous permettra volontiers de venir chez lui leur rendre visite. Il vous montrera son élevage et vous en dira beaucoup sur les furets.

Achetez, si possible, un petit ayant entre 8 et 12 mois. C'est à cet âge-là normalement que l'on retire les jeunes à leur mère. Ils se montrent très vite confiants et réceptifs. Ils sont alors dans une phase où tout ce qu'ils découvrent, y compris la nourriture, constituera leur quotidien leur vie durant. C'est comme cela qu'ils vont bien vite se familiariser avec leur nouvel environnement et avec la personne qui s'occupe d'eux.

> **CONSEIL**
> Les furets en bonne santé sont débordants de vie et recherchent tout de suite le contact en flairant. L'animal doit faire bonne impression, être propre et soigné, avoir un pelage doux et des yeux clairs. Oreilles et griffes doivent être propres et la région anale doit être exempte de souillures.

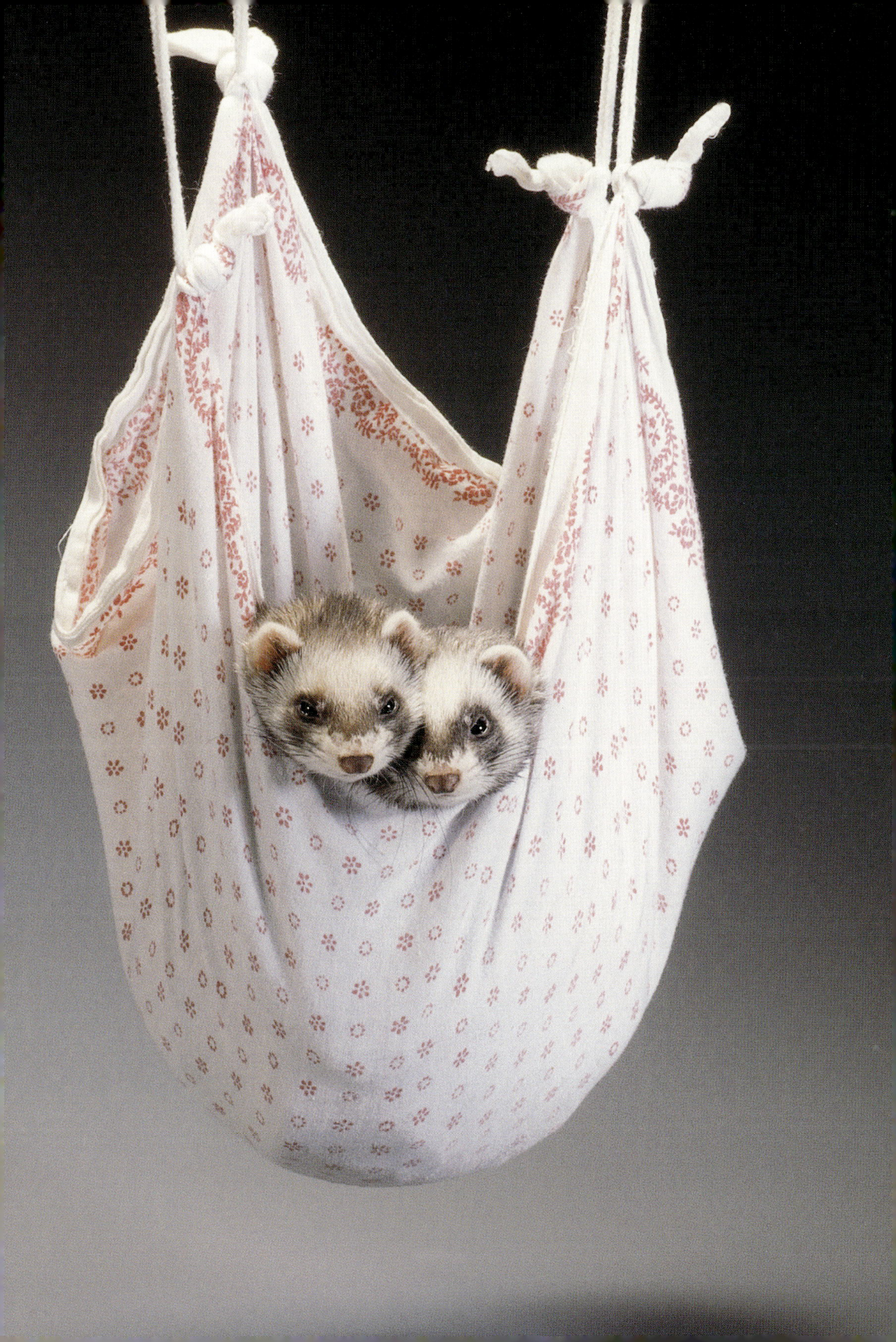

le furet emménage

**Important lorsqu'on achète un furet dans une animalerie**

- Les furets ne sont-ils pas trop jeunes pour être vendus ?
- Comment vivent-ils dans le magasin, seuls, dans une cage ou au sein de la portée ?
- Depuis combien de temps sont-ils là ?
- Disposent-ils de suffisamment d'espace et de cachettes ?

■ Un petit furet tient au creux de la main ! Les petits entre huit et dix semaines sont particulièrement capables d'apprendre.

Certaines animaleries proposent souvent des jeunes trop tôt sevrés et isolés dans des cages trop petites. Il manque à ces animaux le contact social dans une des phases les plus importantes de la vie, et le risque existe qu'ils ne s'apprivoisent pas aussi bien que les jeunes furets qui ont grandi suffisamment longtemps dans les liens familiaux.

Lorsque vous aurez trouvé votre furet, vous aurez à faire une série de préparatifs avant son arrivée dans vos murs. La liste à gauche donne un aperçu des affaires nécessaires à son installation. Nous décrivons en détail dans les chapitres suivants comment il faut aménager son nouveau lieu de vie pour qu'il puisse y mener une vie trépidante.

**Équipement de base**

- Cage de transport
- Cage avec abri, deux bacs à litière, accessoires pour le jeu et la grimpe
- Écuelle et bouteille à pipette
- Torchons en coton, brosse
- Laisse et harnais

## Hébergement et aménagement

Il n'est pas recommandé de laisser le furet évoluer en liberté comme un chat dans la maison. Rien ne serait à l'abri de sa soif de jeu et de découverte. Un enclos composé d'une grande cage avec un bac à litière constitue une base convenable. Ce qui ne vous empêche pas de le laisser aller et venir librement chaque jour pour un temps limité et sous surveillance.

hébergement et aménagement

## La cage

On avait l'habitude autrefois de tenir les furets dans des cages à lapins. Mais, même si celles-ci sont spacieuses, elles ne représentent pas la solution idéale pour leur santé et leur bien-être. En effet, le furet n'y dispose pas d'une liberté de mouvement suffisante et n'a ni assez d'air ni assez de lumière.

Il est difficile de trouver dans le commerce des cages qui conviennent vraiment. On y vend, par manque de modèles spécifiques, des cages trop petites qui ne donnent pas satisfaction. De même les cages utilisées autrefois dans l'élevage des visons et dont le sol n'est constitué que d'un grillage ne sont absolument pas adaptées. Cela dépasse d'ailleurs l'entendement qu'on ait, durant des décennies, laissé courir sur du grillage des animaux aux pattes sensibles et élevés pour leur fourrure !

---

### Emplacement de l'enclos

Au moment de choisir l'emplacement le mieux adapté, il faut prendre en compte certains points :
En raison de l'odeur, des mâles en particulier, ou de l'élevage comprenant deux ou plusieurs animaux, **l'installation à l'extérieur** est préférable.
Il faut alors que la cage soit **résistante aux intempéries**, ait un toit et soit placée le plus possible à l'abri du vent et des courants d'air. Les endroits humides, sombres et ombragés de même que ceux exposés au soleil ne conviennent pas.

---

▪ Villa de luxe pour furet, construction...maison. Tout pour l'escalade, cachettes multiples, voilà ce qui compte dans l'aménagement.

33

# le furet emménage

C'est tout simplement de la cruauté envers les bêtes.
La ligne de conduite, ces dernières années, est d'offrir aux animaux un espace qui soit non seulement plus grand mais aussi de meilleure qualité. Le but est de recréer, en aménageant l'enclos avec des éléments tels que des pierres, des racines, des branches et un tapis d'herbe, un véritable biotope reconstituant des conditions de vie plus naturelles. Il faut, en raison de la nature même de ce sol, veiller avec plus de soin encore à la propreté et vérifier régulièrement qu'il n'y ait pas de parasites

## Emplacement de l'enclos

Si vous avez suffisamment de place, un jardin peut-être, vous pouvez alors construire pour votre furet un véritable enclos d'extérieur de plusieurs mètres carrés, avec une sortie sur un espace protégé. Une telle installation de plein air représente bien sûr le nec plus ultra, est facile à construire et peut même, si vous vous êtes montré habile, être un élément décoratif de votre jardin. Les

◼ Si les furets se sentent en sécurité, proposez-leur aussi une corbeille comme celle-ci, pour un repos bien mérité.

furets, animaux endurcis, survivent à l'hiver sans dommages pour leur santé, à condition qu'ils disposent d'un abri pour se protéger du froid. Par très grand froid, on couvrira le refuge d'un matériau isolant ou on le déplacera dans un endroit mieux protégé.

## Taille et architecture

Le mieux est de construire, ou faire construire, une cage en bois et en grillage d'une superficie de 1,5 à 2 m2 et d'une hauteur d'au moins 60 cm. Il s'agit là de dimensions minimales. Pour prévenir les escapades, un grillage soudé par points avec des mailles de 15 à 20 mm de diamètre et de 2 à 3 mm d'épaisseur fera très bien l'affaire, car il est solide et se fixe bien au bois. Il faut mettre un sol résistant à l'eau en posant soit du carrelage soit un revêtement synthétique qui recouvrira aussi les bords, afin de permettre un nettoyage à fond de l'enclos. Si l'on veut avoir plusieurs furets, pour faire un élevage par exemple, on peut construire un enclos sur lequel on pourra poser un deuxième étage. Le sol entre les deux doit être absolument étanche pour que les saletés de la cage du dessus ne souillent pas celle du dessous et que l'eau ne puisse pas s'infiltrer lors du nettoyage.

## Équipement intérieur

Il y a, à l'intérieur de l'enclos, indépendamment du type de cage, des objets nécessaires à l'équipement de base: le bac à litière, l'abri pour la nuit, l'écuelle et l'abreuvoir, ainsi que le matériel pour jouer et grimper. L'abri imite le terrier naturel dans lequel le furet se retire en cas de danger, dans lequel il dort, élève ses petits et dépose éventuellement ses réserves de nourriture.

Une solide boîte en bois de 40 x 30 x 30 cm, avec un trou pour s'y glisser de 7 à 10 cm de diamètre, un couvercle amovible pour le nettoyage et une bonne isolation thermique pour une installation en plein air répondront à toutes les attentes du furet. Il apprécie, surtout en hiver, les morceaux de tissus en coton, pour se construire un nid douillet. Mais de la paille peut également faire l'affaire, si elle n'est pas trop poussiéreuse. Il est important de changer ces matériaux chaque semaine et de vérifier chaque jour dans son abri s'il n'a pas caché des restes de nourriture, qu'il aime bien stocker.

■ Un abri dont le couvercle peut s'ouvrir pour permettre le nettoyage fait partie de l'équipement de base de l'enclos.

le furet emménage

### Bac à litière

Les furets ont leurs petites habitudes et sont très propres. Ils font leurs besoins toujours au même endroit, contre un mur, dans un coin. Cette particularité n'est pas, tant s'en faut, du goût de celui qui nettoie l'enclos. Les maisons de toilette pour chat et la litière qui va avec conviennent parfaitement pour les furets. Mais on peut utiliser aussi bien des épis de maïs coupés en petits morceaux, des coupures de papier journal qu'un matériau synthétique capable de neutraliser les odeurs.

On réussit vite à habituer les animaux jeunes à ce bac à litière : La première fois, le furet déposera sa crotte dans un coin quelconque. On placera alors le bac à litière à cet endroit, on prendra l'objet du délit et on le placera dans un coin, au fond du bac. Tout de suite après son repas suivant, on mettra le furet dans le bac où se trouve donc la première crotte. Immédiatement, il partira à la découverte du bac et tombera, étonné, sur sa production, qu'il reniflera pour finalement déposer dessus un nouveau petit tas. Dès le lendemain, en principe, la routine s'installe, le furet est propre et les toilettes sont bien repérées. Si vous laissez votre animal aller et venir chaque jour en liberté dans la maison, il est alors recommandé de placer un deuxième bac à litière à l'extérieur de la cage, car l'activité soutenue provoque chez lui des envies pressantes... Et s'il se passe une fois, de manière inopinée, quelque chose de très excitant, il peut arriver alors exceptionnellement que notre petit ami ne retrouve pas, dans la hâte, le chemin de son bac et qu'il se trouve un autre petit coin non loin de là. Il faudra, sans attendre, nettoyer pour neutraliser l'odeur afin que cet endroit ne devienne pas habituel. On doit évidemment nettoyer quotidiennement le bac à litière. La litière agglomérante pour chat facilite la tâche, car on n'enlève que la litière souillée. Il existe même des spatules spéciales à cet effet. Rien n'est donc plus simple que de maintenir la propreté dans la cage. Il est conseillé de désinfecter le bac à litière une fois par semaine pour éloigner les risques de maladies.

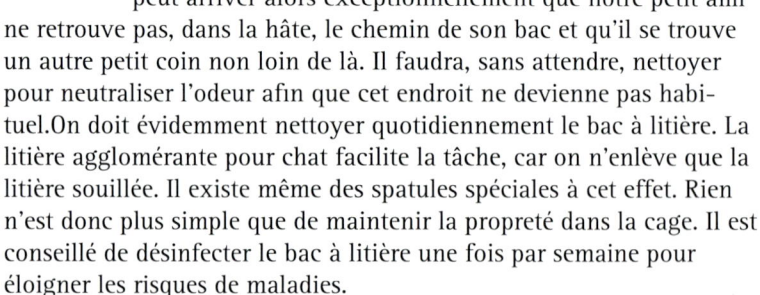

En nettoyant les petits coins de votre furet, vous aurez l'occasion de jeter un œil sur ses excréments. Cela vous donnera une bonne indication sur son état de santé.

■ Bac à litière simple. La litière souillée s'enlève avec la petit spatule.

## Écuelles et abreuvoirs

Les récipients en terre cuite vernissés lourds et stables conviennent très bien. Ceux plus légers se renversent souvent et la nourriture se gâte alors. Ces objets doivent être lavés correctement chaque jour. On peut proposer l'eau dans une coupe en terre cuite, mais les bouteilles avec pipette, vendues dans le commerce pour les rongeurs sont tout à fait indiquées pour les furets. L'eau y reste en effet toujours propre et on les remplit facilement. C'est en outre un bon moyen de contrôler la quantité d'eau que les animaux consomment. Certaines de ces bouteilles sont spécialement recouvertes d'un métal qui les protège des dents et des griffes des furets.

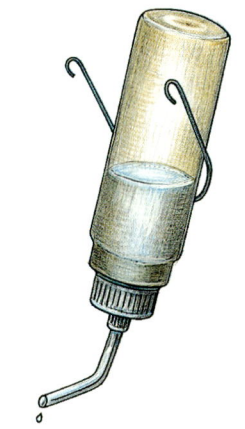

■ L'abreuvoir le plus propre qui soit pour le furet : la bouteille à pipette.

■ L'écuelle doit être lourde et stable, sous peine d'être renversée très vite par les furets toujours très agités.

## Laisse et harnais

Il n'est pas conseillé de laisser courir partout les furets, même s'ils sont habitués à répondre à votre appel ou à votre coup de sifflet. Un ensemble constitué d'une laisse et d'un harnais permet de se promener partout sans stress.

Les harnais pour chats que l'on trouve habituellement dans le commerce doivent en général être adaptés au corps mince du mustélidé. Mais il faut veiller aussi à ce qu'ils ne soient pas trop serrés. Pour les harnais de cuir, qui enserrent le cou et la poitrine et

le furet emménage

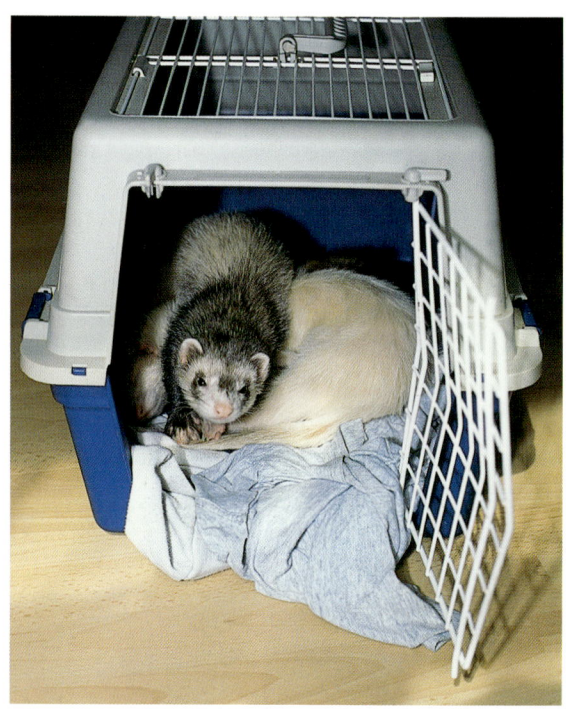

■ En haut, à gauche : Quand le furet s'est habitué à sa laisse et son harnais, on peut faire de belles promenades sans danger.

■ En haut, à droite : Cette cage de transport habituellement utilisée pour les petits animaux est un abri sûr qui convient aussi au furet quand on part en vacances ou quand on va chez le vétérinaire.

qui sont indissociables, il suffit de percer des trous supplémentaires dans les lanières pour gagner quelques crans.

Après une petite période d'adaptation, on peut promener en laisse son furet. On commencera par lui mettre le harnais quelques minutes, lors d'un jeu. Tout à son activité, le furet ne cherchera pas à s'en débarrasser. On répétera l'opération les jours suivants jusqu'à ce qu'il n'y fasse plus attention. Dans un deuxième temps, on devra l'habituer à se déplacer avec sa laisse et à répondre à vos appels. Vous serez étonné par la rapidité des résultats obtenus. Le furet apprend vite à se déplacer tenu en laisse, et c'est la promesse de belles balades.

## Cage de transport

Elle est indispensable lors de déplacements en voiture ou pour la visite chez le vétérinaire. Les paniers de transport pour chats, en plastique et dotés de portes grillagées, conviennent parfaitement ; le plastique se nettoie facilement et la cage est très claire et bien aérée. On peut la laisser ouverte dans l'enclos pour que le furet la découvre et s'y habitue. Et si on lui fournit des matériaux chauds pour y faire son nid, il sera

hébergement et aménagement

comblé. Il faut tester ses réactions pendant le transport, puis lors d'un déplacement, en voiture. Pour cela, on le met dans sa cage et on le promène autour de la maison, une récompense à la clé. On augmentera peu à peu la longueur des trajets et on organisera aussi de petits tours en voiture. On supprime ainsi le risque que l'animal connaisse plus tard une situation de stress dans sa cage de transport

## Matériel pour la grimpe et le jeu

La journée d'un furet est constituée de phases de sommeil et d'activité. Des heures durant, le loustic reste invisible, tout à son sommeil au fond de son nid. À l'appel de son nom, s'il le connaît, il sort la tête de sa cachette dans l'espoir d'une gourmandise ou pour jouer. Il se montre infatigable lors de ces phases de jeu mouvementées, qu'il ponctue de cris stridents. Le but de l'enrichissement est aussi d'éviter que s'installent durablement chez lui des comportements indésirables. À côté de ses évolutions quotidiennes en liberté surveillée dans la maison et de ses sorties à l'extérieur, on peut lui proposer des jeux dans sa cage, qu'on peut équiper d'éléments pour la grimpe, d'un hamac et de tubes en PVC. Et pour qu'il y ait toujours de nouvelles choses à découvrir, n'hésitez pas à démonter l'installation pour la

Renouvelez toujours l'installation : boîtes, cartons, cubes et autres objets constituent une aire de jeux dans l'enclos du furet.

# le furet emménage

*Quelqu'un m'a appelé ?*

**Posséder aujourd'hui un animal**, c'est essayer de lui offrir un environnement dans lequel il puisse reproduire un maximum de comportements naturels. C'est pourquoi il faut essayer par tous les moyens "d'enrichir" sa vie quotidienne en lui proposant des jeux et des activités variées. Il s'agit, pour dire les choses simplement, d'éviter que l'animal ne s'ennuie.

remonter sous d'autres formes. On trouve depuis longtemps dans les animaleries ces objets pour furets, mais on peut, sans avoir à faire de telles dépenses, construire soi-même avec un peu d'imagination, toutes sortes d'aires de jeu en différents matériaux, des bouts d'étoffe, des rouleaux de carton, des rameaux d'arbre fruitier, et beaucoup d'autres choses encore. Ils apprécient particulièrement les tuyaux en tissu ou en plastique dans lesquels ils peuvent se faufiler. Un "sac de couchage" pendu en hauteur fait aussi leur bonheur. Ils aiment jouer également avec des boules, des ballons ou des grelots qu'ils déplacent partout dans la maison. Cartons, caissettes et autres emballages, bien nettoyés et dans lesquels on aura percé des ouvertures, offriront d'agréables distractions à ces joueurs impénitents.

# L'adaptation au nouvel environnement

Le grand jour est arrivé, vous allez chercher votre furet chez l'éleveur. L'idéal serait que ce soit la veille d'un week-end ou de vos vacances. Vous seriez ainsi à même de consacrer suffisamment de temps à votre nouvel hôte. Cette phase d'adaptation est importante pour vous deux : c'est le moment où vous faites connaissance et où vous jetez les bases de vos futures relations. Mais il faut pour cela que vous ayez déjà préparé et aménagé la cage, décidé de son emplacement et mis de la litière dans le bac. Tout doit être fin prêt.

Le premier voyage dans sa boîte ne doit pas se transformer en cauchemar. Veillez à ce qu'elle ne soit pas exposée au soleil, car le furet pourrait mourir d'un coup de chaleur. Par ailleurs, il faut absolument éviter les courants d'air et laisser les fenêtres fermées. Le furet restera dans sa cage de transport durant tout le trajet. Mettez-y des bouts de tissu, et même quelques-uns pris dans son ancienne cage, qui, tout imprégnés de son odeur, auront sur lui un effet calmant. Le furet apprendra vite à reconnaître votre voix si, dès ce moment-là, vous le tranquillisez en lui parlant doucement et l'appelez même par son nom.

Arrivés à la maison, placez-le dans sa cage, préparée et pleine de matériaux pour son nid. Puis laissez-le tranquille. La séparation de sa mère, de ses compagnons de jeux et de son environnement familier, plus l'agitation du voyage et un nouveau cadre de vie, ça fait beaucoup pour un seul furet ! Laissez-lui quelques heures de solitude pour découvrir son monde, dont il inspectera et flairera chaque centimètre carré. Il doit aussi s'accoutumer aux nouveaux bruits. Au début, tenez à distance les autres animaux de la maison, les voisins curieux également. Une fois terminée la phase d'adaptation, le petit nouveau se montrera plus calme et pourra être présenté aux amis et aux voisins.

Donnez-lui à boire et à manger dès son arrivée, toutes ces émotions ne lui ayant tout de même pas coupé l'appétit ! Le lendemain, commencez à établir le contact. Sortez-le de sa cage les premiers jours, parlez-lui, caressez-le, appelez-le par son nom et promenez-le quelque temps. Une relation se créera ainsi entre l'animal et tous les membres de la famille. Ces phases d'adaptation doivent être courtes, faire plaisir à tout le monde et ne pas être contraignantes pour l'animal.

▌ Les furets apprécient qu'on les caresse vigoureusement dans le sens du poil.

**CONSEIL** Dans cette phase, donnez à votre furet la possibilité de découvrir son nouvel environnement sans stress.

## le furet emménage

■ À gauche : Voici comment soulever un furet : une main soutient le milieu du corps, l'autre le bas du dos.
■ À droite : Voici comme on le porte : il s'assoit sur une main et il prend appui sur l'autre avec ses pattes antérieures.

■ En bas : Poussés par la curiosité, les furets ne reculent devant rien. Mettez donc la poubelle hors de leur portée !

Après quelques jours, le furet aura la permission d'évoluer en liberté dans la pièce où se trouve sa cage. Sous surveillance, naturellement, et fenêtres et portes fermées. Cette cage est désormais sa maison et, vous observerez que, quand il ne se sent pas en sécurité, il s'y précipite pour se cacher. Ces retraites ne durent pas longtemps, et il ne tarde pas à pointer le bout de son museau. La curiosité l'emporte tout simplement, et le gaillard recommence vite ses explorations. Il se montrera toujours plus hardi en élargissant sans cesse le cercle de ses investigations.

# Nettoyage et désinfection

La règle de base quand on a un animal, c'est la propreté. La cage et son contenu doivent être régulièrement nettoyés et désinfectés afin de repousser les maladies, les parasites et les mauvaises odeurs. On doit contrôler chaque jour le bac à litière. On en changera une partie et on la renouvellera en totalité une fois par semaine. C'est à cette occasion qu'on lavera et désinfectera le bac. Il faut aussi tous les jours jeter un œil sur l'endroit où il dort. En effet, si on se trompe en lui donnant sa nourriture, par exemple une ration importante au lieu de deux portions à deux moments différents, le furet va en stocker une partie dans une cachette, en général dans son abri. Il faut absolument retirer ces restes qui risquent, sinon, de devenir un bouillon de culture et un foyer de germes. Il faut également remplacer régulièrement les matériaux avec lesquels il a fait son nid. Vous devez de même nettoyer quotidiennement l'écuelle et l'abreuvoir pour éviter l'apparition d'agents pathogènes provoquant des troubles digestifs. À la saison chaude, rappelons-le, la nourriture s'abîme plus vite et cela se sent...

On nettoie à l'eau très chaude additionnée de produit de vaisselle. Pour la désinfection, on utilise des produits du commerce, utilisés aussi dans le domaine médical pour se désinfecter les mains et qui ne sont donc pas trop puissants. Laissez-les agir quelques minutes, puis rincez abondamment. L'utilisation de parfums ou d'autres substances odorantes est fortement déconseillée. En effet, le furet, dont l'odorat est très fin, cherchera toujours à masquer par sa propre odeur celles qui lui sont étrangères. Si celles-ci se font trop insistantes, il accentuera alors son marquage.

> **CONSEIL**
> Conseil : Il ne doit y avoir **aucune trace d'humidité** dans la cage. C'est pourquoi, après avoir nettoyé, il faut veiller à essuyer ou à faire en sorte que l'endroit soit entièrement sec avant que le furet ne regagne son enclos.

La propreté doit régner là où le furet habite -d'ailleurs, il adore donner un coup de main !

le furet emménage

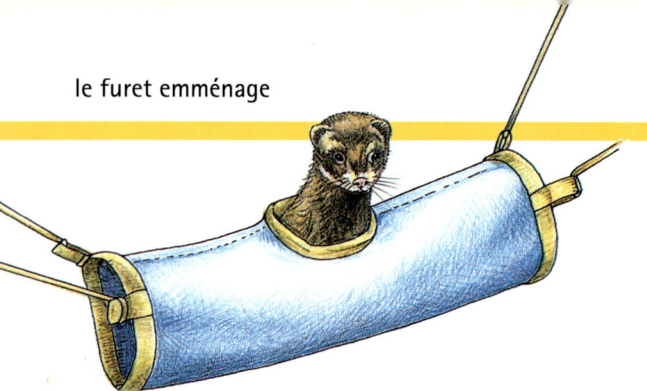

■ Ce cylindre d'étoffe, en suspension et doté d'une ouverture vers le haut tient lieu à la fois de jeu et d'abri pour dormir.

## Un minimum d'éducation s'impose

La cohabitation entre le furet et l'homme se passe sans problème si, après avoir établi des relations de confiance, on canalise par quelques principes d'éducation l'énergie naturelle de ces petits filous.

Après s'être fait à son nouveau logis et aux habitants du lieu, le furet, avec un peu d'entraînement, apprendra vite à répondre à l'appel de son nom ou à un signal, un sifflement par exemple. Il est alors déjà bien habitué à la main de son maître, grimpe dessus par lui-même ou se fait porter. Ce sont des animaux qui se laissent facilement gagner par la routine. C'est ainsi un jeu d'enfant de les entraîner à se laisser promener perché sur votre épaule ou calé dans la poche de votre manteau.

S'ils essaient de vous mordre -c'est en général un jeu chez les plus jeunes- mettez-y un terme par un "Non" ferme. On peut aussi soulever l'animal par la nuque et le reposer ensuite en le tranquillisant d'une voix plus amicale. Ce sont des moyens simples de lui donner une éducation de base. On peut aussi lui faire passer la mauvaise habitude qu'il a de mordiller nos orteils en réitérant le "Non" et en claquant des doigts. Si cela ne suffit pas, des moyens plus radicaux, tels que les répulsifs pour chats vaporisés sur les chaussettes, lui feront vite perdre l'envie de vous mordre les doigts de pied.

Attendez-vous à ce que, dès le début, le furet fasse une foule de choses que vous réprouvez. Là aussi, faites preuve d'autorité, mais le mieux encore est de lui faire miroiter une récompense. Aux points névralgiques, les rideaux par exemple, qui invitent furieusement à l'escalade, faites venir à vous le furet et, après un "Non" bien senti, récompensez-le avec une friandise, comme de la pâte vitaminée pour chat. Bien entraîné, le furet obéira et évitera ainsi de se retrouver dans des situations périlleuses. Avec patience et imagination, il est également possible de lui apprendre à faire de petits exercices ou de l'habituer à venir sur un simple appel.

> **CONSEIL**
>
> **Ne levez jamais la voix** avec votre furet. Vous l'effrayeriez et le rendriez incapable d'apprendre. Vous obtiendrez bien plus avec un ton calme et une friandise.

Apprendre à connaitre son comportement

■ En haut, à gauche : le furet sautille en poussant des cris stridents ; il est turbulent et veut jouer.
■ En haut, à droite : le furet se campe en position de recul, et, en alerte, se tient prêt à faire quelques pas en arrière. Dans une situation d'insécurité, la peur le fait fuir dans sa cachette.
■ À droite : Tous ses poils sont hérissés : la position de retrait signifie qu'il a peur.

Soyez attentif aux sons qu'il émet et qui lui permettent d'entrer en contact avec vous. Soyez à son "écoute" afin de ne pas être à ses yeux un simple "dresseur".

## Apprendre à connaître son comportement

Pour peu que l'on soit observateur et capable de sentir les choses, on apprend vite à comprendre et estimer son animal domestique. On réussit, avec le temps, à deviner ses humeurs, ses intentions et ses besoins. Quand on le soulève du sol, le furet agite sa tête de tous côtés. Une manière pour lui d'identifier par l'odorat celui qui l'a saisi. Les furets sont des animaux sociables et diffèrent en cela de leur parent sauvage, le putois d'Europe. Entre eux s'établit une hiérarchie dans laquelle les mâles dominent parce qu'ils sont plus gros.
Le langage du corps est ce qui nous permet de mieux connaître le

le furet emménage

■ C'est toujours le moment de jouer : du sport pour le furet, du plaisir pour son maître.

**CONSEIL** Le furet utilise **le langage du corps**. Apprenez à l'interpréter en observant bien l'animal.

furet. Si d'autres animaux vivent dans l'appartement, le furet fera tout pour entraîner ces derniers dans le jeu, par les cris, les sautillements, les attaques simulées, les culbutes et les morsures "stimulantes". Il s'y prendra de la même manière pour jouer avec l'homme. Il marche à reculons devant lui, mais cela peut aussi exprimer son insécurité.

Alors, il ne bouge plus, fait face au danger supposé, prêt à déguerpir à tout moment. Si le sentiment d'insécurité persiste, il fait quelques pas en arrière sans quitter des yeux son adversaire. En faisant le gros dos, bien campé sur ses quatre pattes et en hérissant ses poils, il cherche à paraître plus grand qu'il n'est en réalité. Il veut faire impression et, dans une sorte de ballet d'avant en arrière, il jauge l'adversaire et se donne du courage. Le furet dispose de toute une série de sons, avec lesquels il exprime son état d'esprit du moment. Son répertoire est simple à comprendre :

Apprendre à connaitre son comportement

excité, il a l'habitude de pousser des cris plus ou moins fort qui, selon le degré d'excitation ou de peur, peuvent se transformer en cris stridents. L'agressivité n'est alors pas loin. La paix revient vite avec des paroles réconfortantes. Et puis il y a cette suite de sons détachés go go go go, émis par des animaux bien apprivoisés et confiants pour se saluer entre eux et saluer aussi l'ami humain. L'animal se sent bien, c'est sa manière à lui de l'exprimer. Les tout petits dans leur nid émettent quant à eux un gazouillis caractéristique qui, comme chez les oisillons, signifie qu'ils ont faim. Après la tétée, le gazouillis cesse : les petits, rassasiés, dorment.

◾ Neuf futurs carnassiers : ils gazouillent encore et ont l'air d'oisillons sans défense.

47

# Alimentation et santé

*Page de droite : Les œufs sont l'un des plats préférés du furet. Il les fait rouler dans tous les sens jusqu'à ce qu'ils finissent par casser.*

Il faut tordre le cou à cette idée fausse qui veut que les furets se nourrissent de pain blanc trempé dans du lait. La bonne santé de notre furet dépend non seulement de la diversité dans ses conditions de vie mais aussi et surtout de la qualité de sa nourriture.

## Les furets sont des chasseurs

Nous avons déjà évoqué l'origine et les parentés de ces animaux. Ce sont des chasseurs carnivores qui dévorent leurs proies avec la peau, les poils ou les plumes et les entrailles. Ils ont besoin d'une nourriture riche en protéines. Les carnivores se caractérisent par un transit digestif relativement court. Ce qui signifie que la nourriture, durant son passage dans l'intestin, n'est guère décomposée par les enzymes au moment de la digestion. C'est pourquoi il faut donner plusieurs fois par jour au furet une nourriture de grande qualité et facile à digérer.

> Un slogan publicitaire américain dit :
>
> VOUS NE DONNERIEZ PAS À VOTRE CHAT DE LA NOURRITURE POUR OISEAUX
>
> VOUS NE DONNERIEZ PAS À VOTRE CANARI DE LA NOURRITURE POUR POISSONS
>
> VOUS NE DONNERIEZ PAS À VOS POISSONS DE LA NOURRITURE POUR CHIENS
>
> POURQUOI VOULEZ-VOUS ALORS DONNER À VOTRE FURET DE LA NOURRITURE POUR CHATS ?

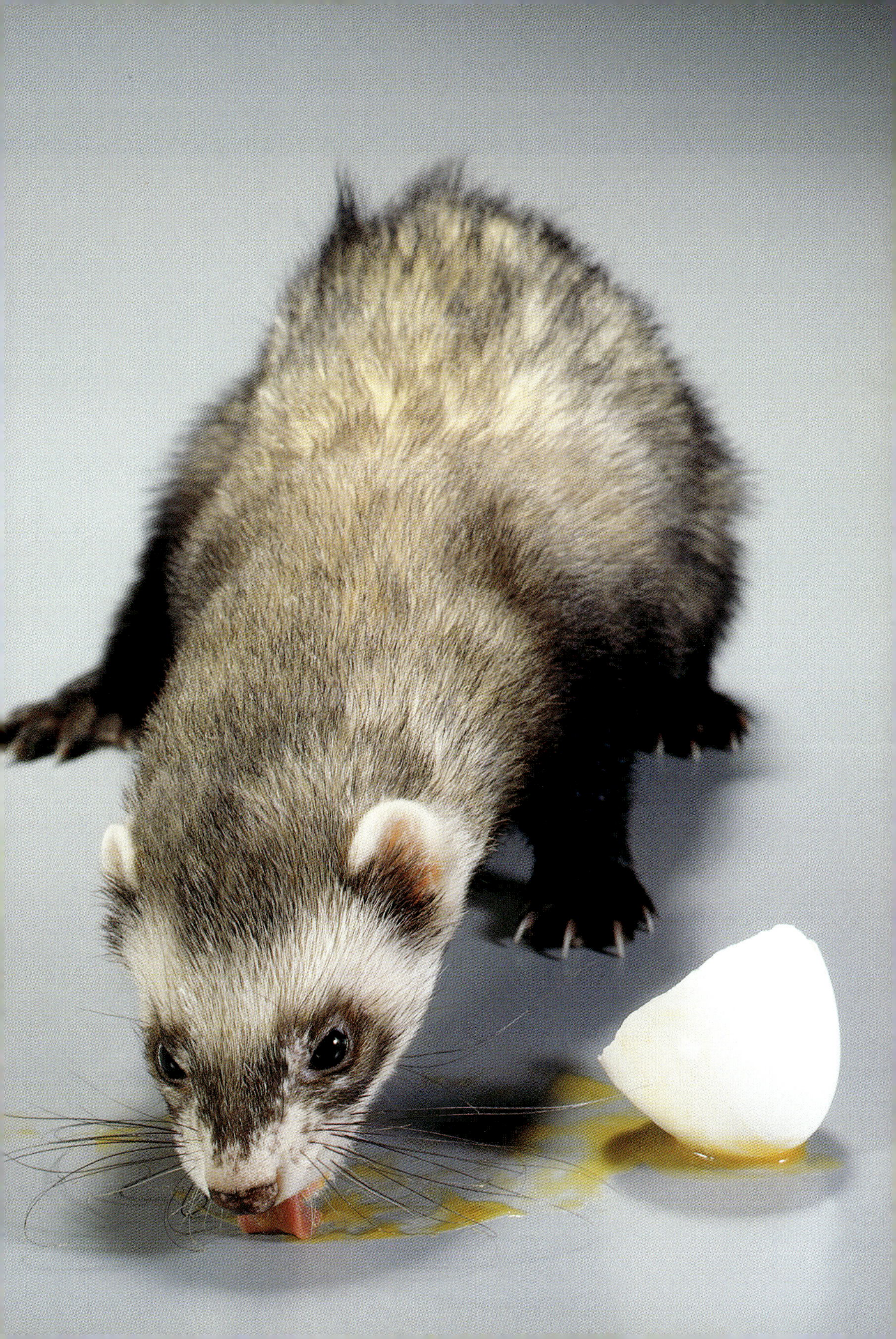

Les poussins de un jour morts constituent pour le furet une nourriture idéale à tous points de vue.

## Menus et recettes

S'il est vrai qu'un chat consomme de la nourriture pour chien et qu'un chien s'accommode de celle d'un chat, cela n'est pas sain à long terme pour l'animal. La nourriture pour chat convient en principe au furet, car les chats chassent également de petites proies, mais il est préférable malgré tout de lui proposer une nourriture spécifique à son espèce, qui se rapproche le plus possible, dans sa composition, de ce qu'offre une proie naturelle.

La nourriture de base doit se composer d'environ 80 % de viande et de 20 % de composants d'origine végétale. Ce pourcentage s'obtient par l'addition de légumes ou de flocons de céréales. L'important est que la nourriture soit variée. De la viande de bœuf hachée et des abats de gibier, du filet de poisson sans arêtes légèrement cuit, ou des œufs, sont très appréciés de ces prédateurs. Mais la cerise sur le gâteau, c'est un poussin de un jour mort.

Les élevages avicoles et certains magasins de produits animaliers vendent ces poussins morts, qui se conservent très bien congelés. Ils sont très riches en protéines, les plumes fournissent les fibres nécessaires, les os le calcium. Donnez deux à quatre poussins par jour et par furet. La viande fraîche est consommée crue. Les œufs

### Nourriture

Le furet a besoin d'une alimentation riche en **protéines** et en **graisses** animales. Une nourriture peu variée, mais surtout pauvre en viande, provoque à court terme des **carences** qui se manifestent par des troubles du métabolisme, un pelage terne et un manque de tonus.

Les furets sont des chasseurs

Les furets seraient capables de manger de tout : la nourriture sèche spécialement faite pour eux est bonne, **mais pas le chocolat ni les bonbons !**

(les jaunes) sont aussi un plat de choix apprécié. À l'état sauvage, les furets dérobent les œufs dans les nids d'oiseaux. La viande de porc est à bannir, car elle est difficile à digérer en raison de sa trop forte teneur en graisses. Pour bien faire, il faut compléter cette nourriture fortement carnée par du calcium, pour remplacer celui contenu dans les os de leurs proies. En plus de ce calcium, on donnera aux petits une préparation vitaminée.

Dans le commerce animalier, on trouve un grand choix d'aliments en boîte ou de nourriture sèche. Tous ces produits pour chiens, chats et autres animaux domestiques prennent en compte les toutes dernières évolutions de la diététique. On vous expliquera presque partout que les aliments pour chats conviennent aux furets. Mais, il faut savoir qu'ils ne couvrent pas entièrement leurs besoins. Ainsi les aliments en boîte ne contiennent-ils pas toujours les 80 % de viande indispensables. Leur trop forte teneur en eau est aussi un inconvénient qui, chez le furet, peut vite se traduire par des diarrhées ; de même un taux de glucides élevé peut devenir la cause de problèmes dentaires.
Ces derniers apparaissent en outre lorsque la nourriture régulièrement consommée manque de consistance, ce qui est le cas des aliments en boîte. Les carnassiers ont en effet besoin d'une nourriture solide grâce à laquelle ils garderont des dents saines. Si l'on tient toutefois, pour des questions pratiques, à recourir à ces boîtes, il faut que ce soit limité dans le temps. Quant à la nourriture sèche, le rapport viande/matières végétales est encore plus défavorable. Il faut de plus veiller dans ce cas à ce que le furet boive suffisamment. Mais ce n'est pas chose simple, dans la mesure où les carnivores boivent, par nature, moins que les herbivores. Ces derniers boivent instinctivement

Alimentation et santé

■ Les furets sont des chasseurs carnivores, mais il y a toujours malgré tout de fins gourmets qui apprécient bien les friandises comme les morceaux de banane ou de melon. Mais il n'est pas question que ces bonnes choses remplacent la viande !

Les furets sont des chasseurs

## Alimentation et santé

> La viande est encore la nourriture la plus naturelle pour le furet : viande de bœuf, de gibier, de cheval, de poulet, du cœur, du foie, des rognons et un peu de poisson enrichi de temps à autre de flocons végétaux.

■ Le furet doit toujours avoir de l'eau fraîche à disposition. Celui-ci a trouvé le filon !

beaucoup plus d'eau parce que leur nourriture n'en contient pas autant que la viande.

Même si la littérature américaine préconise de ne nourrir les furets qu'avec des aliments secs ou en boîte, nous ne pensons pas cela soit une bonne chose pour les animaux à long terme. Il est vrai, qu'en raison de l'engouement croissant pour les furets, des aliments spécialement adaptés, en particulier des croquettes, ont fait leur apparition sur le marché.

Il existe aux États-Unis, et chez nous aussi désormais, de la nourriture végétarienne que certains donnent à leur furet. Ce type d'aliment est totalement inadapté. D'un point de vue biologique, nourrir les chats, les chiens et les furets seulement avec ces produits s'apparente à de la cruauté envers les animaux. Car il y a à la clé immanquablement des carences et des maladies.

> **CONSEIL**
> A long terme, une alimentation trop uniforme, qu'elle soit sèche ou fraîche, n'est pas bonne pour le métabolisme et la dentition du furet. Consacrez un peu de temps à lui composer un menu carné varié, il vous en sera reconnaissant.

Un furet adulte a besoin d'environ 150 à 200 g de nourriture par jour. C'est à vous de déterminer, après observation, quelles quantités et combien de fois par jour vous lui donnerez à manger. Si la nourriture contient les proportions de viande et de fibres végétales requises, il faut lui donner à manger au moins deux fois par jour autant de nourriture qu'il est capable d'en absorber, mais pas plus. En effet, s'il reste de la nourriture, le furet est bien capable d'aller la stocker dans son abri, ce qui n'est pas très hygiénique, surtout l'été. Les jeunes ont besoin de quatre à cinq petites rations par jour. Il faut donner plus de nourriture aux femelles pleines ou qui allaitent, et plus souvent que d'habitude. Et là encore, il faut calculer les quantités pour que rien ne reste.

Le furet doit toujours avoir de l'eau à disposition. Son besoin s'accroît par temps chaud tout particulièrement. Que l'eau soit dans une bouteille à pipette ou dans un autre récipient, il faut qu'elle soit toujours fraîche et que les récipients soient propres.

## Avoir un furet en bonne santé

Si l'on s'y prend bien pour les nourrir et les soigner, les furets, qui sont des animaux naturellement robustes et résistants et dont l'espérance de vie est de huit à dix ans, tombent rarement malades. Mieux vaut prévenir que guérir, et vous serez payé en retour des soins que vous aurez prodigués. Il faut accorder une attention particulière aux femelles pleines et qui allaitent ainsi qu'aux jeunes en pleine croissance.

■ Les furets sont propres et utilisent volontiers un bac à litière. Ce qui allège considérablement le nettoyage de l'enclos.

L'inspection quotidienne que vous faites lors du nettoyage du bac fait partie de ces mesures préventives. La crotte qu'il dépose est plus ou moins solide et noirâtre si, comme il le faut, on lui a donné à manger essentiellement de la viande. Mais elle peut être jaunâtre et molle, voire liquide, si l'alimentation ne convient pas, ou si le furet a eu peur. Des excréments sans consistance doivent vous alerter sur l'existence de problèmes gastriques chez l'animal. Il faut réagir immédiatement en ajoutant à sa viande un médicament à base de charbon.

Il est conseillé de faire examiner aussi deux à trois fois par an par le vétérinaire le furet qui est en bonne santé. Il contrôlera son état général, ses dents, coupera éventuellement ses griffes et le vaccinera. Il est recommandé aussi de lui faire détecter l'éventuelle présence de parasites dans

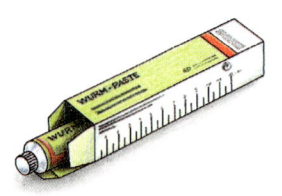

# Alimentation et santé

les selles. Il faut en outre, trois fois par an, faire un traitement prophylactique contre les vers, qui ne sera toutefois pas nécessaire si l'examen des excréments ne révèle aucune trace de vers ou d'autres parasites. Le vétérinaire, qui dispose des médicaments qu'il faut, saura vous conseiller.

■ Vermifuge en tube.

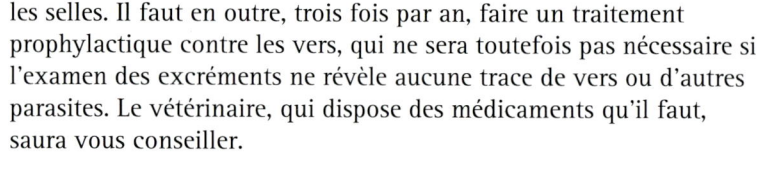

## Parasites

Comme tous les animaux domestiques, les furets ne sont pas prémunis contre les parasites internes et externes. On trouve à l'intérieur des intestins des parasites tels que les ascarides et le ténia ou d'autres agents pathogènes qui peuvent, entre autres, provoquer des diarrhées. Les parasites internes peuvent énormément affaiblir l'animal.

Ayez régulièrement un œil sur le pelage de votre furet : S'il se gratte sans cesse, cela peut signifier qu'il subit l'attaque de parasites : **les puces** provoquent des altérations de la peau et des rougeurs, le furet se montre agité. Ce sont surtout les chats et les chiens qui peuvent transmettre les puces. **Les acariens** se nichent dans le pavillon de l'oreille, qui se met alors à suppurer et à se couvrir de croûtes. La démangeaison est si forte que l'animal se gratte jusqu'au sang.
**Les tiques** aussi guettent le furet lorsque vous vous promenez avec lui dans la nature. Elles se cramponnent vite et mordent pour se gorger de sang. Il est relativement facile de les retirer en leur faisant faire une rotation sur elles-mêmes. Et si l'on n'a pas soi-même le coup de main pour le faire avec les ongles, ou si l'on craint de toucher la tique, il existe des pinces spéciales dans le commerce. La seule chose qui reste à faire contre les puces et les acariens est d'utiliser des produits chimiques (insecticides, acaricides) que vous trouverez chez le vétérinaire ou dans les pharmacies.

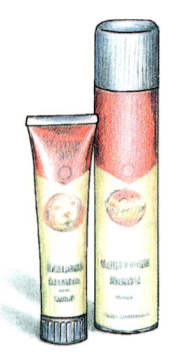

■ Le furet a des puces. Première chose à faire : baignez-le.

> **CONSEIL**
> La **désinfection** et une **propreté** irréprochable dans l'abri où dort le furet permettent de prévenir à temps le risque d'attaque des parasites.

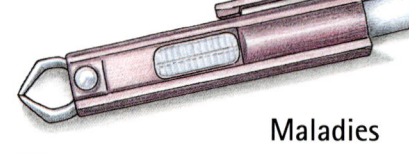

■ Cette pincette spéciale permet d'enlever les tiques dès leur implantation.

## Maladies

Si l'on fait attention, on peut voir tout de suite que le furet ne va pas bien. Changement dans le comportement et l'aspect, blessures, consistance des excréments, diarrhée ou constipation, voilà des signes qui doivent attirer votre attention.

Observez l'aspect de votre furet : pelage terne, yeux, oreilles et région anale malpropres, mais aussi comportement anormal, tel que apathie, refus de se nourrir, sont autant de signes qui doivent vous alerter ! Si vous n'en détectez pas la cause, allez chez le vétérinaire. Des excréments jaune clair, de consistance liquide, conséquence d'une nourriture avariée ou indigeste, sont les symptômes de troubles digestifs. Après une journée de jeûne où l'animal n'aura que de l'eau à sa disposition, on peut lui donner de la viande maigre mélangée à un peu de nourriture sèche. La diarrhée devrait passer au bout de deux jours. Et si ce n'est pas le cas, prenez conseil auprès du vétérinaire.

### Examen de santé de routine

- **Yeux** : Sont-ils brillants ? Des yeux humides, collés, révèlent des problèmes de santé.
- **Examen principal** : Passez votre main sur tout le corps du furet pour y détecter des inflammations, des tumeurs ou des abcès.
- **Vibrisses** : Sont-elles longues et souples ? Courtes et brisées, elles témoignent d'une nourriture inadaptée.
- **Examen du pelage** : Des croûtes et des tâches rouges sur la peau indiquent la présence de puces.
- **Oreilles** : Doivent être propres.
- **Excréments** : Doivent être de consistance normale.

Un furet en bonne santé est plein d'entrain et a un beau pelage.

### Grippe et refroidissement

La grippe, qui touche parfois l'homme, peut se transmettre à l'animal et réciproquement. Les symptômes sont les mêmes et disparaissent après trois à sept jours. Il est nécessaire, durant cette période, de ménager votre furet et de ne pas l'exposer aux courants d'air. Il aura besoin de beaucoup plus d'eau à sa disposition et dormira énormément.

### Pneumonie

Les symptômes sont les mêmes que chez l'homme : respiration difficile, fièvre accompagnée de frissons. Consultez immédiatement le vétérinaire, qui traitera aux antibiotiques, sous peine de voir la maladie traîner longuement et tuer l'animal.

Alimentation et santé

Obstruction des glandes odorantes
Il arrive quelquefois qu'il y ait inflammation des glandes anales. Là encore, on a recours aux antibiotiques. Au moment de la vaccination annuelle, le vétérinaire doit en principe vérifier l'état de ces glandes.

## Vaccinations

Elles permettent d'éloigner des maladies telles que la maladie de Carré et la rage. L'infection est en général mortelle pour les animaux non vaccinés, et la rage est en outre transmissible à l'homme et par conséquent très dangereuse. Le vaccin contre la rage n'est obligatoire que dans les départements infectés, mais il est recommandé de l'effectuer même en zone non infectée, à titre préventif, pour le cas où vous seriez amené à voyager. Et si vous avez encore des chiens et des chats sous votre toit, veillez à ce que leurs vaccinations soient à jour.
Lors de vos déplacements avec le furet, il est essentiel que l'animal soit vacciné.

| Programme de vaccinations | | | |
|---|---|---|---|
| Maladie | Vaccination 1ère injection | 2ème injection | Rappel |
| Maladie de Carré | à 6-8 semaines | 4 semaines plus tard | annuel |
| Rage | à 13 semaines | | annuel |
| Les deux vaccinations doivent être renouvelées dans l'ordre annuellement. | | | |

## Blessures et accidents

De nombreux dangers guettent les furets dévorés de curiosité, même dans le cadre de la maison, et ils peuvent même leur être fatals. D'où une grande prudence : à côté des plantes toxiques -les furets sont certes des carnivores, mais ils s'attaquent parfois pour s'amuser à des parties de plantes- il y a les produits chimiques contenus dans les détergents ou les médicaments, qui représentent un grand danger. Mettez-les donc hors de leur portée.
Les furets ont la mauvaise manie d'avaler de petits objets.

## Blessures et accidents

Faites là encore en sorte qu'ils ne puissent pas les atteindre.

Il existe dans l'appartement toutes sortes de dangers qui peuvent, mécaniquement, provoquer des blessures chez ces sportifs invétérés. Ils peuvent ainsi rester coincés dans les portes, les fenêtres et les tiroirs, ou se faire écraser. Ils peuvent aussi tomber de la hauteur d'un meuble, d'un rebord de fenêtre, d'une fenêtre restée ouverte et d'un balcon. Ils peuvent encore se brûler à un four très chaud, à un fer à repasser, à une cigarette et à des bougies, ou s'électrocuter s'ils mordent dans un fil électrique.

Avant de mettre votre lave-linge en marche, jetez un œil à l'intérieur pour vérifier que l'animal n'ait pas élu domicile dans le tambour. Il n'est pas rare non plus que, sans le vouloir, on lui marche dessus. C'est justement parce qu'ils sont petits, très agiles et curieux qu'ils sont blessés ou qu'ils meurent dans la maison, malgré toutes les précautions que l'on peut prendre.

Si, lors d'un accident, un membre a été écrasé ou qu'il y ait lésion de la colonne vertébrale, le repos absolu et la chaleur auront des effets bénéfiques. Le vétérinaire prescrira des médicaments qui détendront les muscles du furet et le calmeront.

■ Les furets aiment grignoter les fils électriques, soyez vigilant !

### CONSEIL

Toute la famille doit faire le tour des **risques potentiels** et prendre les mesures qui s'imposent pour qu'il n'y ait aucun accident.

■ Avant de vous asseoir sur un fauteuil ou sur un canapé, vérifiez que le furet ne s'y trouve pas.

■ Danger no 1 : On peut, par mégarde, marcher sur le furet laissé en liberté.

# Alimentation et santé

■ Mettez les produits chimiques et autres détergents hors de portée du furet.

La convalescence peut durer de deux semaines à deux mois. En cas de blessures plus graves de la colonne vertébrale, il faudra peut-être recourir à la chirurgie. La guérison demande alors beaucoup plus de temps.

Si les conditions de vie sont mauvaises -l'animal doit vivre par exemple dans un milieu sale et humide- il pourra souffrir d'inflammation plus ou moins forte aux pattes. Les coussinets du furet sont très sensibles. C'est pourquoi ils ne doivent pas entrer en contact avec du grillage. Ils ont besoin d'un sol plat qui soit le plus sec et le plus propre possible.

> Mieux vaut prévenir les maladies et les accidents par un contrôle quotidien et une prudence de tous les instants.

Les morsures sont le résultat de disputes agressives entre furets. Mais elles peuvent se produire lors de jeux trop brutaux. Il faut désinfecter ces plaies et les surveiller ; elles guérissent généralement assez vite. Pour les blessures plus profondes, il faut faire appel au vétérinaire qui suturera éventuellement.

Ne repoussez pas à plus tard l'intervention chirurgicale si elle s'avère nécessaire. Le furet blessé perd vite ses forces et risque de se déshydrater. Il ne doit rien prendre, ni nourriture, ni eau, pendant les

Avoir un furet en bonne santé

heures qui précèdent l'opération. Suivez les instruction du vétérinaire, il y va peut-être de la vie de votre animal. À son réveil, le furet doit être absolument maintenu au chaud. Un refroidissement pourrait ici lui être fatal.

Lorsque la blessure est très grave ou que la maladie est incurable, la solution est de faire piquer l'animal pour lui épargner des souffrances inutiles. Il est toujours difficile, quand on aime les bêtes, de prendre une telle décision, mais elle met un terme à ses souffrances. C'est vraiment le moins que l'on puisse faire pour lui.

Alimentation et santé

Les furets en bonne santé sont très propres et prennent soin de leur pelage

## Les soins corporels

Un examen quotidien de votre animal vous en dira long sur son état. Les furets prennent eux-mêmes soin de leur corps et vous n'aurez qu'un minimum à assumer. Les soins permettent de renforcer les liens qui unissent l'homme et son protégé.

### Le bain

Un furet n'a en principe pas besoin de se baigner. Mais il peut arriver que son pelage ait été sali lors d'une sortie par exemple. Le bain est alors inévitable.

Préparez une cuvette en plastique remplie d'eau tiède. Après avoir mouillé le pelage du furet, utilisez un shampooing doux dont on se sert aussi pour les chats et les jeunes chiens. Il convient parfois d'utiliser un shampooing spécial antiparasitaire ; après l'avoir laissé agir, rincez abondamment le pelage. Tenez fermement le furet pendant toute la cérémonie du bain et parlez-lui pour le rassurer. Ensuite séchez-le bien avec une serviette. Et s'il n'est pas effrayé par le bruit, finissez le séchage au sèche-cheveux, réglé au plus bas.

Les soins corporels

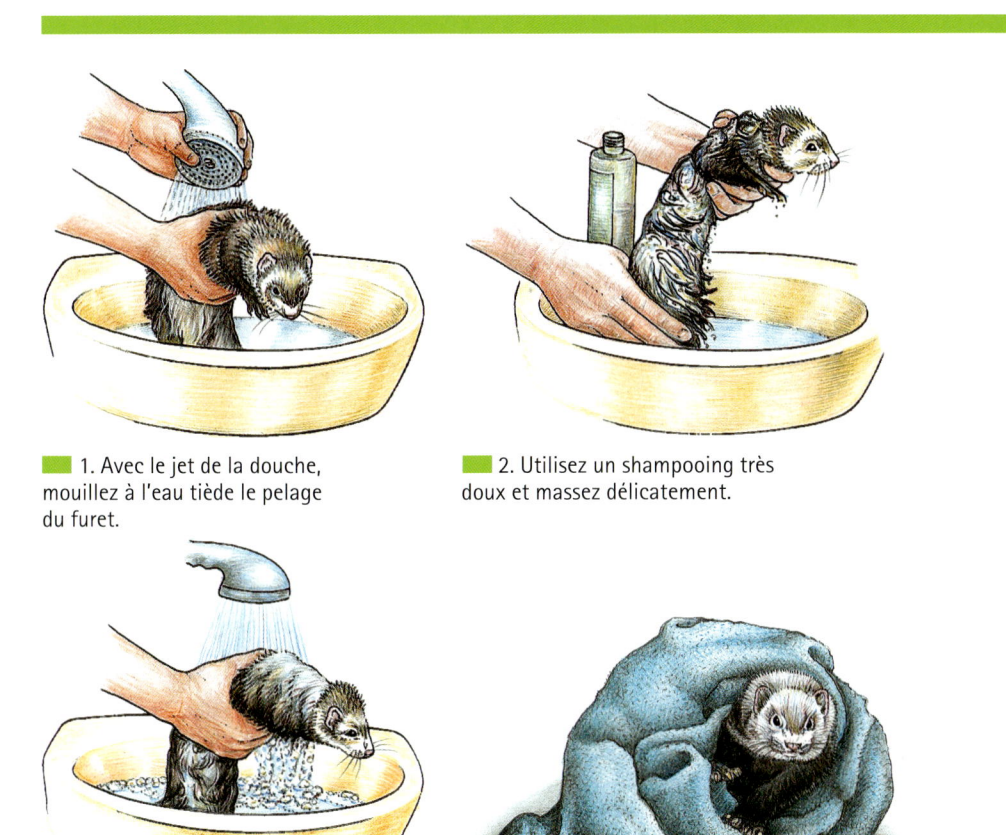

1. Avec le jet de la douche, mouillez à l'eau tiède le pelage du furet.

2. Utilisez un shampooing très doux et massez délicatement.

3. Rincez abondamment.

4. Frottez-le doucement avec une serviette pour sécher le pelage. Mettez-le ensuite dans une pièce chaude.

Évitez-lui des courants d'air à la sortie du bain et placez-le au chaud, le refroidissement pouvant avoir pour lui des conséquences néfastes.

## Couper les griffes

Le furet use plus ou moins ses griffes selon les occasions qu'il a de les faire et la liberté de mouvement dont il dispose. La qualité de la nourriture est également déterminante pour la croissance et la santé des griffes. Il peut donc s'avérer toujours nécessaire de les raccourcir quand elles sont devenues trop longues.

correct

non

non

63

Alimentation et santé

Le furet se niche volontiers dans le creux de l'épaule. Parfois même, il y fait un petit somme.

Les soins corporels

Faites-le de préférence avec des pinces à ongles. Mais veillez bien à n'en couper que l'extrémité pour ne pas atteindre lesvaisseaux sanguins que l'on repère facilement si on expose les griffes à la lumière.

En contrôlant et coupant régulièrement ses griffes, on lui évite des complications liées à d'éventuelles blessures non traitées.

## Les soins dentaires

La dentition du furet présente de redoutables canines. Elles peuvent se casser lors d'une chute ou de tout autre accident. Le vétérinaire devra alors examiner et traiter les parties atteintes. Quand la nourriture est mal adaptée, il peut y avoir formation de tartre qui affecte tout particulièrement les molaires. Le vétérinaire devra alors faire un détartrage. Une alimentation variée, composée d'une nourriture sèche solide et de viande ferme, mais en aucun cas seulement de produits peu consistants, est hygiénique pour les dents, masse les gencives et prévient de manière mécanique la formation de tartre

■ La bonne méthode pour couper les griffes.

■ Il faut contrôler régulièrement ses dents. Une nourriture adaptée les conservera en bon état.

65

# L'élevage

**Page de droite :**
L'élevage de furets a certes son charme, mais il faut bien réfléchir avant de s'engager.

Le désir de faire un élevage d'animaux naît en général de la satisfaction qu'on a eue à s'occuper d'un animal particulier. Il est évidemment très intéressant d'observer les différentes étapes biologiques d'un élevage de jeunes. L'élevage des furets n'est pas trop difficile, à condition de posséder un couple et l'enclos nécessaire. Le mâle et la femelle ne doivent pas être seulement de bonne constitution, ils doivent aussi accepter de cohabiter. Et ces deux conditions ne sont pas toujours réunies. L'idéal serait donc de trouver un couple déjà formé.

Mais avant de vous lancer dans l'élevage, réfléchissez aux points suivants :

Pour le réussir, il vous faut au moins deux cages, l'une pour le couple, l'autre pour les petits lorsqu'ils seront sevrés, vers l'âge de huit à douze semaines. Cela signifie que vous devez disposer de suffisamment de place pour les cages, mais aussi de plus d'équipement. D'autre part, vous devez prendre conscience qu'un élevage exige qu'on lui consacre plus de temps et de soins que si vous n'aviez qu'un seul animal. Une famille de furets consomme en outre plus de nourriture, et c'est de viande qu'il s'agit, pas de petits pains au lait !

**Il ne faut se lancer dans l'élevage que si vous avez de la place pour les petits et assez de temps à leur consacrer, et que vous ayez bien préparé leur installation.**

Une fois que vous vous serez décidé à franchir le pas et que vous serez sûr de pouvoir assumer cette tâche qui demande du temps, de la place et de l'argent, une autre question importante se pose alors : qu'adviendra-t-il des petits que vous ne voudrez ou ne pourrez pas garder ? Vous devrez, bien avant de vous en séparer, leur avoir déjà trouvé un bon lieu d'accueil. Ou alors, connaissez-vous une animalerie vraiment sérieuse disposée à recueillir et à soigner vos animaux jusqu'à leur vente ?

Durant la gestation et le temps de l'allaitement, la mère a besoin d'une nourriture substantielle. Dès l'âge d'environ trois à quatre semaines, les petits doivent être nourris au moins trois fois par jour et à peu près toujours à la même heure. Ils n'ont encore qu'un petit estomac et ils supporteraient mal que la nourriture leur soit donnée à intervalles irréguliers, une première fois au bout de trois heures, la deuxième dix heures après. Si vous travaillez, il faut se demander si

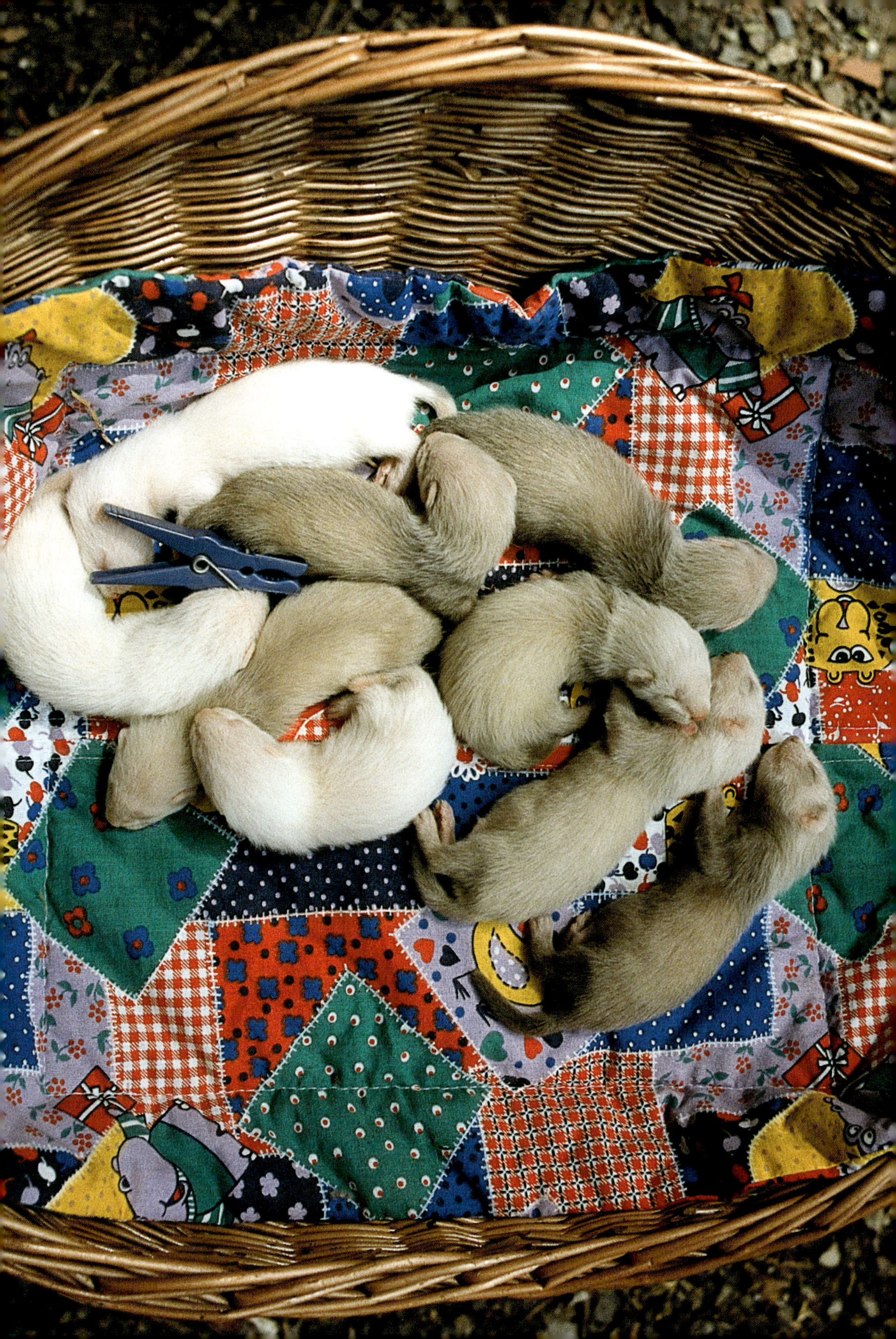

# L'élevage

■ Il est parfois difficile de tenir toute une bande de jeunes furets débordants d'énergie !

quelqu'un d'autre dans la famille peut se charger de leur donner à manger au bon moment.

L'enclos d'élevage sera placé dans l'endroit le plus calme possible, à l'écart des chiens et de toute présence étrangère. C'est très important, car les femelles, même bien apprivoisées et normalement peu sensibles aux perturbations, se montrent très nerveuses avant de mettre bas et particulièrement inquiètes après la naissance de leurs petits. Il peut même arriver alors que la mère les tue et les dévore.

## La reproduction

Vous avez à présent un emplacement calme pour les cages supplémentaires, l'un de vos proches s'est déclaré prêt à s'occuper des repas des jeunes et vous avez déjà trouvé preneur pour les petits à venir, plus rien ne s'oppose donc à votre projet d'élevage.

Les furets ne se reproduisent qu'à une certaine époque de l'année. La saison des amours dure de mars à août. Les petits naissent donc aux beaux jours. Ces cycles saisonniers sont déterminés par l'intensité de la lumière. La longueur du jour influe sur la production d'hormones œstrogènes. La nature réussit ainsi à inscrire ces moments si sensibles que sont la naissance et l'élevage des petits dans une période de l'année la plus favorable possible. C'est l'époque où le climat est tel que les animaux peuvent élever leurs petits dans de bonnes conditions et où ils trouvent un maximum de nourriture (proies). La femelle peut, aussi longtemps qu'elle est réceptive, ou quand elle a perdu sa portée, être plusieurs fois en chaleur à six, huit, parfois dix jours d'intervalle. Mais, après un premier accouchement, la femelle n'est féconde qu'une seule autre fois encore dans l'année. Cela se remarque alors à sa vulve, qui est fortement gonflée et rouge, de la taille d'une noisette environ, et qui sécrète un liquide visqueux qui se répand sur le dessous des postérieurs, du ventre et de la région de la queue.

On comprendra mieux le rôle que joue l'odorat dans la communication entre furets, si on observe une femelle en chaleur en train de se frotter le ventre contre le sol, même en l'absence d'un mâle. Elle marque alors son territoire et dégage des substances dont l'odeur doit être un signal fort pour le mâle : ici, une femelle est prête à l'accouplement !

L'hypophyse sécrète la folliculine, une hormone qui permet la maturation des ovules dans les ovaires. L'ovulation, qui est la condition nécessaire pour qu'un ovule soit fécondé, n'est déclenchée par le coït et la sécrétion d'hormones que quelques heures après.

On peut voir que le mâle est en rut à la proéminence de ses testicules. Le rut et la formation de spermatozoïdes sont déterminées par la testostérone. Comme la montée des hormones mâles est lente, les spermatozoïdes ne sont pas encore performants lors des premiers accouplements. Mais le fait d'être couverte par le mâle déclenche quand même l'ovulation chez la femelle.

Au temps des amours surtout, le mâle et la femelle communiquent en laissant des marques imprégnées de leur odeur pour attirer l'attention d'un partenaire éventuel.

L'accouplement est toujours annoncé par un prélude plus ou moins long : le mâle court en poussant des cris vers la femelle, qui fait aussi entendre des sons stridents et qui, les pattes écartées et la queue tournée vers le haut ou sur le côté, la partie inférieure du corps collée au sol, se balance de droite à gauche. Une femelle qui se montre aussi persuasive ne tarde pas à se faire saisir à la nuque par le mâle. Si elle n'est pas encore prête à s'accoupler, elle résiste de manière agressive. Le prélude est de longueur variable. Après dix minutes ou plus, les animaux retrouvent leur calme et, en position allongée, le mâle saisit la femelle par la nuque et l'étreint entre ses pattes. Ils s'accouplent ainsi, couchés sur le côté, et conservent cette position une heure et plus, puis se séparent. Après une courte pause, ils renouvellent l'acte.

Les furets sont en règle générale polygames. Les mâles couvrent plusieurs femelles. Mais certaines d'entre elles ne copulent qu'avec un seul et même mâle. Un ou deux jours après le premier coït, l'ovulation se déclenche chez la femelle sous l'effet de la soudaine sécrétion d'une grande quantité de progestérones. Quand les ovules sont dans

# L'élevage

■ Le mâle se précipite sur la femelle en poussant des cris et la saisit à la nuque.

■ Il se cramponne à elle de ses pattes antérieures.

■ L'accouplement a lieu en position couchée et dure plus d'une heure.

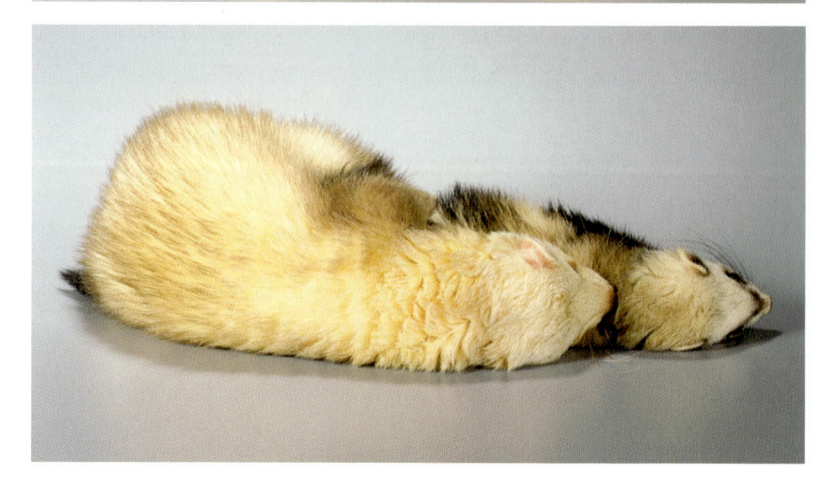

# La reproduction

l'oviducte, ils sont à la portée des gamètes mâles et peuvent être fécondés. Il est conseillé, après 24 heures, de séparer le mâle de la femelle.

Il vaut mieux également le tenir éloigné d'elle durant la gestation et la période d'allaitement. Pendant cette période, en effet, la mère a besoin de suffisamment de nourriture, et il serait difficile de contrôler sa consommation si le mâle était présent. Par ailleurs les femelles pleines ont tendance à réagir brutalement à toute agression extérieure.
Il arrive aussi que le mâle resté sur place tue les petits et les dévore.

On peut voir à la vulve, qui a repris une forme réduite, que l'accouplement a été couronné de succès, qu'il y a eu fécondation. Si celle-ci n'a pas eu lieu, la femelle reste alors en chaleur durant toute la période d'activité de mars à août. Le risque existe qu'en absence d'accouplement le taux d'œstrogènes devienne trop important (**hyperœstrogénisme**) et ralentisse le fonctionnement de la moelle osseuse, provoquant chez la femelle des états pathologiques graves.
Une forte fièvre, mais aussi une dégradation générale de son état physique -anémie, perte de poils, amaigrissement- peuvent conduire à sa mort.
Il faut alors consulter le vétérinaire. Le deuxième effet négatif de cette maladie est que la vulve qui reste en activité des mois durant est particulièrement réceptive aux maladies infectieuses, celles-ci pouvant également provoquer la mort de l'animal.
La seule solution : **la stérilisation**. S'il n'est pas dans vos intentions de faire un élevage, il est plus raisonnable de faire stériliser la femelle vers l'âge d'environ dix mois. Cela évitera aussi la **gravidité nerveuse**, qui se produit quelquefois. Les femelles se comportent alors comme si elles étaient pleines, bien qu'elles ne le soient pas en réalité. Le cours normal de la gestation peut, pour une raison indéterminée, s'interrompre subitement, empêchant donc le développement des fœtus. Dans les deux cas, le femelle ne met bas aucune portée au moment prévu. Pour peu qu'il ne soit pas trop tard dans l'année, les chaleurs reviendront et, avec elles, la femelle retrouvera un comportement normal.

> **Attention !**
>
> Si vous ne souhaitez pas faire d'élevage, il est fortement recommandé, pour leur santé, de faire castrer les femelles vers l'age de 10 mois.

## Gestation, naissance et élevage

La gestation chez les furets dure 40 à 42 jours. Après un accouplement réussi, la femelle se montre nerveuse et effarouchée dans sa cage. Elle mange plus et dort aussi plus longtemps. Plus le temps passe, plus elle devient insupportable. Cette irritabilité atteint son maximum après la mise bas. La femelle est même capable de mordre au doigt celui qui prend soin d'elle.

Si les changements de comportement au début indiquent que la femelle est pleine, on peut également constater au bout de trois semaines que son corps prend du volume. Il faut désormais se montrer très prudent quand on la saisit ou la porte. Soyez de même plus vigilant quand vous la laissez en liberté, car, ayant changé de comportement, elle réagit différemment et le risque d'accident augmente.

Pendant la gestation, il faut lui donner une nourriture riche en matières nutritives, avec des vitamines et du calcium, et suffisamment d'eau à boire. À l'approche de la délivrance, les mamelles ont pris du volume et les six à huit tétines sont bien apparentes.

C'est maintenant qu'il faut absolument que l'enclos, le bac à litière et l'abri soient d'une propreté irréprochable. Renouvelez entièrement les matériaux du nid au bout de la cinquième semaine, car la naissance est proche.

Peu de temps avant, la femelle consomme moins de nourriture, mais boit toujours beaucoup. Elle s'agite énormément à la veille de mettre bas et court dans tous les sens dans sa cage, flaire chaque coin et finit, la nuit venue ou au petit matin, par réintégrer son abri. Elle met bas dans les douleurs ses petits, qui mesurent cinq à sept centimètres et pèsent environ dix grammes. Elle sectionne immédiatement le cordon ombilical des nouveau-nés, les lèche pour les sécher et dévore le placenta.

En général, une portée se compose de quatre à huit petits. Le nombre de petits par portée augmente souvent avec l'âge de la femelle. Il peut y avoir de plus grandes portées, mais ce sont des cas isolés. L'auteur a lui-même eu dans son élevage une femelle qui a mis au monde 14 petits, dont douze étaient vivants à la naissance. Mettre bas une telle portée est une véritable épreuve de force pour la mère, que l'on doit aider en la nourrissant bien pour préserver sa santé. Quand la portée est aussi nombreuse, il faut commencer le plus vite possible à sevrer les petits pour soulager la mère.

Les petits furets naissent les yeux fermés. Quasiment nus, avec un duvet blanc clairsemé, ils sont roses au début. Il faut attendre quelques

> Ne vous laissez pas aller, par simple curiosité, à déranger sans cesse la femelle ou à faire voir ses petits.

## Gestation, naissance et élevage

jours pour qu'un semblant de pelage, peu dense et blanc apparaisse. Tout de suite après la naissance, qui peut durer de une à deux heures, la mère les allaite. Après lui avoir laissé une demi-journée de repos, il est conseillé de contrôler son abri et de le nettoyer le cas échéant. Si la femelle est très agitée, ne vous occupez pas de la cage. Donnez-lui régulièrement de la nourriture et vérifiez le niveau d'eau dans la bouteille. On peut en général sans difficulté la prendre sur la main et nettoyer à l'intérieur de la cage. Il faut éventuellement en retirer les petits mort-nés, si la femelle ne s'est déjà pas chargée de les dévorer.

La femelle et les nouveau-nés ont besoin d'un maximum de repos dans cette phase de l'élevage. Mais il est possible de suivre de loin le frémissement de vie des petits, car ils font entendre un léger gazouillis. La femelle fait régner la propreté dans le nid. Après les avoir allaités, elle les lèche pour les nettoyer de leurs souillures, urine et excréments, qu'elle mange d'ailleurs pour laisser propre le nid. Les apports de nourriture durant cette période doivent être suffisants et de qualité, sans être pour autant excessifs pour ne pas inciter la femelle à stocker

■ À l'âge de trois jours, les nouveau-nés présentent déjà un fin duvet blanc.

les restes dans le nid de la portée. Les nouveau-nés sont totalement démunis et dépendants de leur mère. Le lait qu'elle leur donne est très nourrissant et les jeunes grandissent rapidement. Au début, ils passent la plupart du temps à dormir, mais, éveillés, ils font entendre leur gazouillis pour réclamer à manger. Au bout de deux semaines, leur poids est déjà de six à sept fois celui qu'ils avaient à la naissance.

À partir de leur troisième semaine de vie, il peut déjà s'avérer nécessaire d'enlever quotidiennement de l'endroit où ils dorment les

# L'élevage

excréments qu'ils sont désormais capables de produire par eux-mêmes. La mère, dès lors, ne les mangera plus. On peut dès maintenant nourrir les petits, la mère se verra ainsi déchargée d'une partie du travail. Ils se régaleront de viande hachée enrichie de vitamines et de calcium.
Ils franchissent une étape importante dans leur croissance quand ils commencent à prendre, en plus du lait maternel, de la nourriture solide, même si, au début, ils ne font qu'essayer de la mâchouiller.

Dans le même temps, chez les jeunes putois européens, le pelage discret jusqu'alors blanc se teinte de noir et le masque commence à se

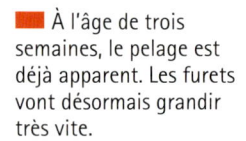

■ À l'âge de trois semaines, le pelage est déjà apparent. Les furets vont désormais grandir très vite.

dessiner. Les yeux s'ouvrent après la quatrième ou cinquième semaine, mais pas en même temps. Le deuxième œil ne s'ouvre qu'au bout de deux à quatre jours. La femelle prend soin de ses petits avec une étonnante minutie. Les yeux encore clos, les petits, les pattes encore mal assurées, se mettent déjà à déambuler dans la cage. Et avec une patience infinie, la mère les ramène au nid, en les saisissant délicatement à la nuque.

Dès qu'ils ont ouvert les yeux, les petits savent plus précisément où aller. Aller manger, par exemple, désormais trois fois par jour. La nourriture se compose de viande hachée ou coupée en petits morceaux, enrichie de vitamines et de calcium et mélangée à une petite quantité de flocons d'avoine.

## Gestation, naissance et élevage

À l'âge de six semaines, les petits sont presque autonomes

Les jeunes sont habituellement allaités par la mère durant huit semaines Passé ce terme, on pourra les céder à leur nouveau propriétaire. Mais il est conseillé de maintenir encore ensemble la portée jusqu'à l'âge de dix semaines, pour que les jeunes furets puissent vivre une phase importante du développement du comportement social. Il y va de leur santé aussi bien physique que psychique. Nous avons déjà indiqué que céder trop tôt des animaux ou les tenir solitaires en cage dans les animaleries relevait de la cruauté envers les bêtes.

> Il y a une obligation morale à faire vivre ensemble plusieurs animaux, pour leur offrir des distractions et développer leur comportement social.

Les jeunes furets grandissent très vite et les différences de taille entre les mâles et les femelles sont de plus en plus manifestes. Après plus de deux mois, non seulement ils ont acquis leur totale indépendance, mais encore ils ressemblent parfaitement à leurs parents, à une petite différence de taille près. Comme eux, ils se montrent actifs la nuit, mais quelque peu assoupis le jour. C'est pourquoi le soir et la nuit sont les meilleurs moments pour nouer des liens avec les furets et jouer avec eux. C'est surtout vrai pour les plus jeunes, dont il faut s'occuper le plus possible. Ils reconnaîtront bien vite votre voix et votre odeur, et des relations fréquentes entre vous feront d'eux des animaux alertes, agréables et parfaitement apprivoisés.

# L'élevage

> **CONSEIL**
> L'odorat et l'ouïe sont, chez le furet, les organes des sens les plus importants. Grâce à eux, il s'oriente et fait très vite la connaissance de son protecteur, de sa voix et de son odeur. Plus on s'occupe des jeunes durant la période de sevrage, plus ils deviennent confiants et apprivoisés. Mettez donc à profit cette période là !

## Nouvelles sélections

Au cours du temps, de nouvelles sélections issues de mutations génétiques ont vu le jour à côté des **albinos** et des **furets putoisés**. En orientant le travail de sélection sur certains caractères, on a pu développer de nouveaux "types" que nous allons présenter. Les différentes combinaisons de couleurs présentant des poils de couverture plus longs et d'une autre teinte que celle des poils de soutien sont naturellement très attrayantes. **Les furets siamois** sont ainsi appelés parce qu'ils font penser aux chats du même nom. **Les furets arlequins** arborent quant à eux des couleurs fauves, la poitrine et les pattes sont blanches. Ces deux variantes suscitent de plus en plus d'intérêt. Les recherches allant bon train, on trouve désormais des **furets angoras** avec des poils de couverture longs, et des animaux avec une fourrure argentée ou une livrée noir et blanc. Ces derniers restent encore rares et font toujours grosse impression dans les expositions, et on peut s'attendre à ce que les éleveurs en produisent beaucoup et fassent naître de nouvelles variantes.

Professionnels et simples amateurs se retrouvent d'ailleurs dans des clubs et des associations que l'on compte par centaines aux États-Unis et qui sont de plus en plus nombreux en Europe. Ces clubs ne sont pas seulement des lieux où l'on échange des expériences, on y constitue également des groupes de réflexion sur l'élevage. L'accent y est mis en effet sur la qualité des animaux et non sur leur multiplication à grande échelle. Les expositions entrent aussi dans le cadre des activités de ces clubs. On y détermine les signes distinctifs de la race et on y juge finalement des caractères, du type, du pelage, de la morphologie des animaux. Et il faut espérer qu'on ne commettra pas les mêmes erreurs faites dans l'élevage de races de chiens et de chats, qui consistent à orienter la sélection selon les seuls critères optiques. Et c'est ainsi que, pour s'en être tenus à des critères autres que biologiques, on a donné naissance à des animaux non viables, mal formés ou agressifs.
On constate un renversement de tendance chez ceux qui élèvent les chevaux, les chiens et les chats ; un chien de berger pourra, à l'avenir, avoir une colonne vertébrale pour ce qu'elle est, un caractère de sa race utile pour courir et secondaire pour les expositions canines.
C'est pourquoi toutes les associations devraient unir leurs efforts pour s'intéresser d'abord au fondamental, le corps, les performances et le caractère des animaux, et faire passer au second plan l'aspect esthétique et les jeux de coloris.

Nouvelles sélections

■ Les furets albinos ont un pelage blanc et des yeux rouges, en raison de l'absence de pigmentation de la peau.

■ Les furets putoisés présentent une fourrure couleur fauve : un masque sombre, les pattes et la queue foncées et les yeux noirs.

L'élevage

■ Les furets siamois ont un pelage clair avec un dessin brun.

## Le rêve américain ?

L'Amérique, un monde sans limites, celui aussi des extrêmes et des contradictions pour les furets. Ne vous privez pas de faire le voyage. La revue *Ferrets* a publié en 1998 des estimations, d'où il ressort que les États-Unis comptent déjà plus de dix millions de furets comme animaux domestiques. Ils sont cependant utilisés dans beaucoup d'endroits encore comme animaux de laboratoire.

Dans certains États, en Californie et à Hawaii par exemple, le furet est interdit comme animal de compagnie, dans d'autres, une autorisation est nécessaire et, dans d'autres encore, ils sont en revanche très appréciés. Il existe de nombreuses revues et des centaines de clubs et associations. On y organise des expositions et des concours, et il existe un choix incroyable d'accessoires pour les fans, tels que tee-shirts, posters et calendriers. Mais, comme on pouvait s'y attendre, cette sorte d'idolâtrie vire parfois au grotesque. On trouve ainsi, pour les furets, des imperméables à capuche en plastique assortis à la couleur du pelage ou même de véritables costumes traditionnels. Il va sans dire qu'on propose aussi des laisses assorties à la couleur de l'habit de ceux qui les tiennent. Autre manie

### Le rêve américain ?

made in USA : chercher à masquer l'odeur du furet par des parfums et d'autres produits cosmétiques.

Au lieu de se livrer à ces pratiques excessives, on ferait mieux au contraire de donner la priorité aux besoins des animaux et d'adopter un comportement qui soit conforme à leur mode de vie. Quand on cherche à rendre l'animal semblable à l'homme, on méprise la dignité qui est la sienne en tant qu'être vivant.

■ On reconnaît le furet arlequin à sa gorge couleur crème et à ses pieds blancs.

# Vacances et voyages

*Page de droite : Quand on sort, il faut toujours penser à prendre le harnais et la laisse.*

La question que l'on se pose chaque année est de savoir si on prendra avec soi le furet en vacances ou si on le laissera à la maison. Si vous tenez à le maintenir dans son environnement habituel, vous devez trouver une personne de confiance qui soit capable de bien s'occuper de lui. Vous devez pour cela, avant de partir, lui dire quand et comment il faut nourrir l'animal, comment on s'y prend pour nettoyer la cage et le bac à litière, quels contrôles il faut effectuer quotidiennement et à quoi employer le temps que l'on passe chaque jour avec lui. Faites à l'avance une réserve suffisante de nourriture et établissez un planning de ses menus. Pour le furet, rester à la maison est la meilleure solution.

## Aventure ou fardeau

La décision de prendre le furet avec vous en vacances va engendrer une foule de **préparatifs**, indépendamment du fait que vous restiez dans le pays ou que vous entrepreniez un voyage à l'étranger. Vous devez savoir que certains pays refusent que les furets soient introduits chez eux. Tenez-en compte sous peine de ne pas pouvoir poursuivre votre voyage au moment de passer la frontière. Pour un déplacement à l'étranger, demandez à votre vétérinaire quelles sont les **formalités** nécessaires à remplir. Faut-il un certificat médical pour le furet, ses vaccins sont-ils à jour, sera-t-il mis en quarantaine, et tout cela vaut-il finalement la peine pour un séjour somme toute pas très long ?

En principe, les furets supportent bien le **transport** et le voyage. Si vous disposez d'une cage de transport à laquelle le furet est déjà habitué, le voyage en voiture ou en train se déroulera sans problème. Il faut s'assurer seulement -c'est important- que la cage est suffisamment aérée. Le furet doit recevoir sa dose d'oxygène et être placé à l'abri

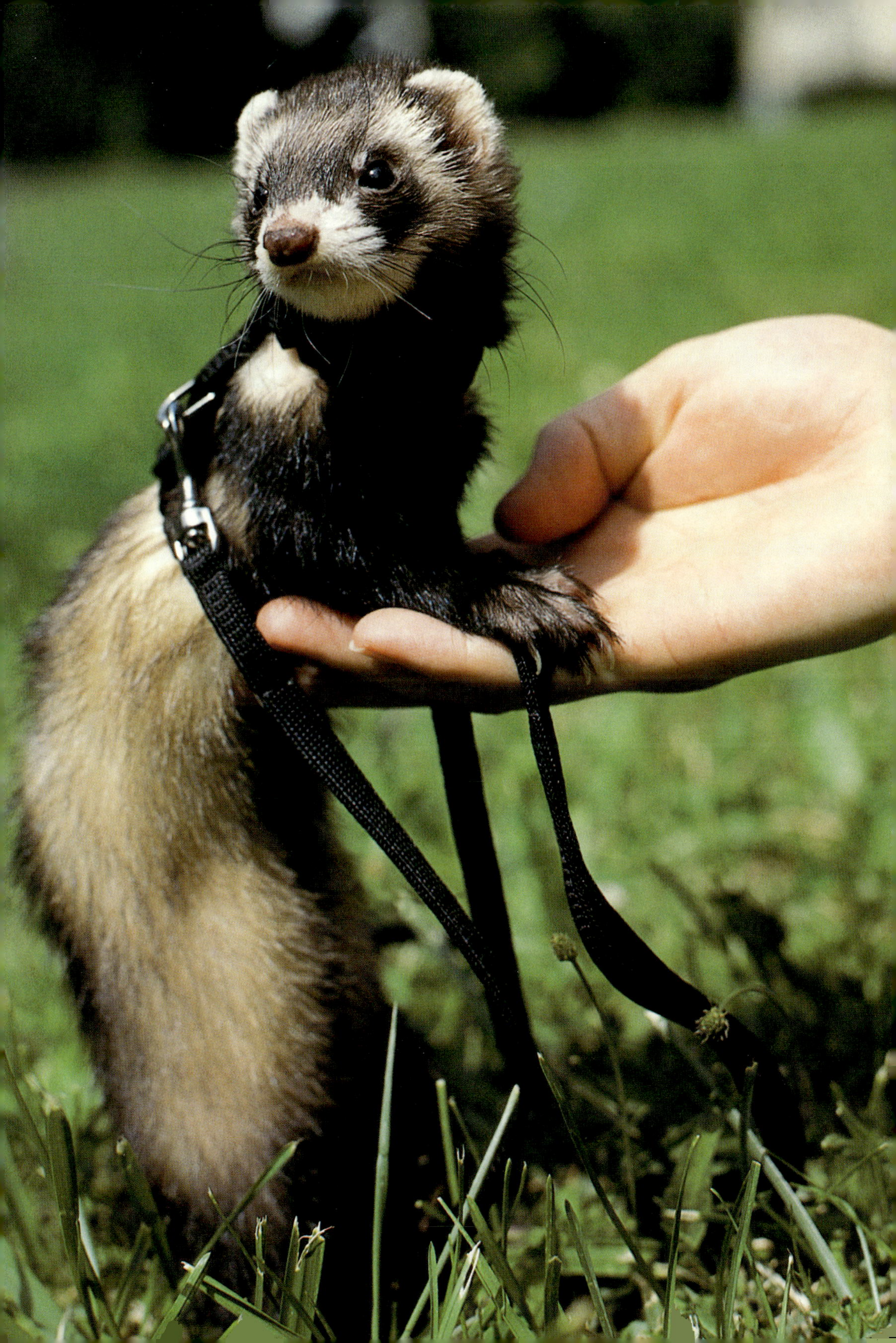

# Vacances et voyages

> **Check-list avant de partir en vacances**
>
> - S'informer sur les conditions à remplir à l'intérieur et à l'extérieur des frontières
> - Se procurer les documents nécessaires, carnet de vaccinations, certificat médical etc.
> - Objets indispensables : cage de transport, écuelle, bouteille à pipette, bac à litière, abri pour la nuit, jouet
> - Faire des provisions de nourriture ; la nourriture sèche convient bien pour le voyage, mais, en vacances, il faut aussi donner à manger de la viande au furet

d'un coup de chaleur. Quoi qu'il en soit, il doit absolument rester dans sa cage durant le voyage. Un furet en liberté dans une voiture peut, en se glissant entre les pédales, provoquer un accident. Sur les longs trajets, prévoyez des pauses pour lui donner à boire.

Sur votre lieu de votre séjour, il faudra disposer bien sûr d'une cage plus grande et grillagée, et pourquoi pas repliable. Dans ce cas, faites en sorte que le furet se soit déjà habitué à cette cage avant votre départ. Pour plus de sûreté, renseignez-vous, avant de partir, auprès de l'hôtel ou des propriétaires de la maison de vacances, pour savoir si les furets sont effectivement acceptés sur place. Cela ne pose en général aucun problème. Mais ayez toujours à l'esprit que l'odeur du furet n'est pas forcément aussi évidente pour les vacanciers de l'hôtel que pour vous, et que certains pourraient en être incommodés.

Une fois sur place, accordez un peu de tranquillité à votre animal. Même si, dans son environnement habituel, il est libre de se déplacer, il faut comprendre que, dans un lieu qui lui est étranger, le risque est trop grand et que le furet doit être tenu en laisse pour des raisons de sécurité. La peur de l'inconnu peut le paniquer et l'inciter à se cacher dans un endroit où vous ne le trouverez plus.

Si vous prenez en compte tous ces points, et que vous choisissiez de surcroît des vacances calmes plutôt qu'actives, votre furet fera votre joie non seulement à la maison mais encore pendant les meilleurs moments de l'année, les vacances.

Quand on part en vacances, le furet doit voyager dans une cage bien aérée.

"Voilà pour le premier déchargement de terre. Et si je m'attaquais maintenant aux tulipes, non ?"

## Que faire si votre furet s'échappe ?

- Si le furet s'est bien attaché à son maître, il ne s'éloignera pas de lui. Mais, comme l'animal est toujours avide d'aventures, il peut arriver, en particulier en vacances, dans un milieu inhabituel, que le furet se perde en chemin.
- Si votre furet vous a échappé, faites le tour de toutes les cachettes et de tous les refuges possibles, en l'appelant par son nom. Placez sa cage de transport ou l'abri où il dort à l'endroit où il a disparu. S'il revient, il cherchera d'abord un endroit qui lui est familier : son abri.
- Au cas où il ne réapparaîtrait pas, signalez sa disparition à la police, au vétérinaire, à la ligue de protection des animaux et même au garde forestier. S'il passe la nuit dehors, la circulation et les chiens peuvent mettre sa vie en danger.
- Quand vous sortez avec le furet, ayez toujours un œil sur lui, mettez-lui sa laisse et pensez à le faire marquer et enregistrer. En cas de perte, la probabilité de vous identifier comme le propriétaire sera plus forte et vous aurez ainsi une chance de le retrouver ou du moins d'apprendre ce qui lui est arrivé.
- Il existe plusieurs possibilités pour marquer le furet. Le vétérinaire peut implanter sous la peau une puce électronique intégrant le numéro d'identification, pratique utilisée pour les chiens et les chats. Avec un appareil spécial, le vétérinaire, ou la fourrière, pourra lire ce numéro etretrouver dans les registres la trace du propriétaire.
- En général, on ne tatoue pas les furets. Certains propriétaires préfèrent plutôt leur mettre un collier sur lequel figure leur adresse. mais il faut alors veiller à ce que celui-ci soit en partie élastique. Si l'animal s'accroche avec son collier, il pourra ainsi mieux se dégager. Ces colliers se trouvent pour les chats et peuvent très bien être utilisés pour les furets à condition de les resserrer un peu.

## D'un coup d'œil

| | |
|---|---|
| **Particularités** | • mustélidé, chasse à la nuit tombante<br>• alerte et curieux<br>• odeur forte, développe des bourrelets de graisse en automne, d'où une prise de poids notable à cette époque<br>• facile à apprivoiser, s'attache à son maître |
| **Couleurs** | blanc (albinos), fauve (putoisé), clair sans masque (siamois), fauve avec des dessins blancs (arlequin) |
| **Poids** | Mâle : jusqu'à 2000 g, femelle : jusqu'à 850 g |
| **Taille** | Mâle : jusqu'à 60 cm, femelle : de 25 à 40 cm |
| **Espérance de vie** | environ 7 à 10 ans |
| **Époque de l'accouplement** | de mars à août |
| **Gestation** | de 40 à 42 jours |
| **Portée** | de 4 à 8 petits, les jeunes sont allaités environ 8 semaines |
| **Sevrage** | à partir de la troisième semaine, on peut commencer à donner une nourriture plus solide aux petits |
| **Âge auquel on peut les donner** | 10 semaines |
| **Vaccinations** | contre la rage et la maladie de Carré |
| **Cage** | Dimensions minimales : hauteur 60 cm, Superficie : 1,5 à 2 m² Équipement : abri 40 x 30 x 30 cm, bac à litière, écuelle et abreuvoir, accessoires, tels que tubes, hamac et balles |
| **Enclos** | Idéalement à l'extérieur, doit être solide pour éviter les évasions |
| **Soins** | Nettoyage à fond régulier de la cage et des accessoires |
| **Nourriture** | Viande avec aliments végétaux (20 %), œufs, poussins de un jour, nourriture préparée spécialement pour les furets. Quantité : 150 à 200 g par jour pour un adulte. |
| **Santé** | Prévention : détecter la présence de parasites, contrôle régulier de l'état général, des dents, des griffes et des excrétions. Soins à prodiguer : baigner l'animal en cas d'attaque de parasites ou de souillures du pelage, couper les griffes. |
| **Dangers** | • S'empoisonner avec des plantes, produits d'entretien ou médicaments<br>• S'électrocuter en rongeant des fils électriques<br>• Rester coincé, être écrasé<br>• Ingérer des petits objets<br>• Se faire mordre lors de querelles entre furets |
| **Équipement** | Cage de transport, harnais avec laisse |
| **Sons émis** | Cris stridents quand il est excité. Sons plus doux quand il se sent bien |

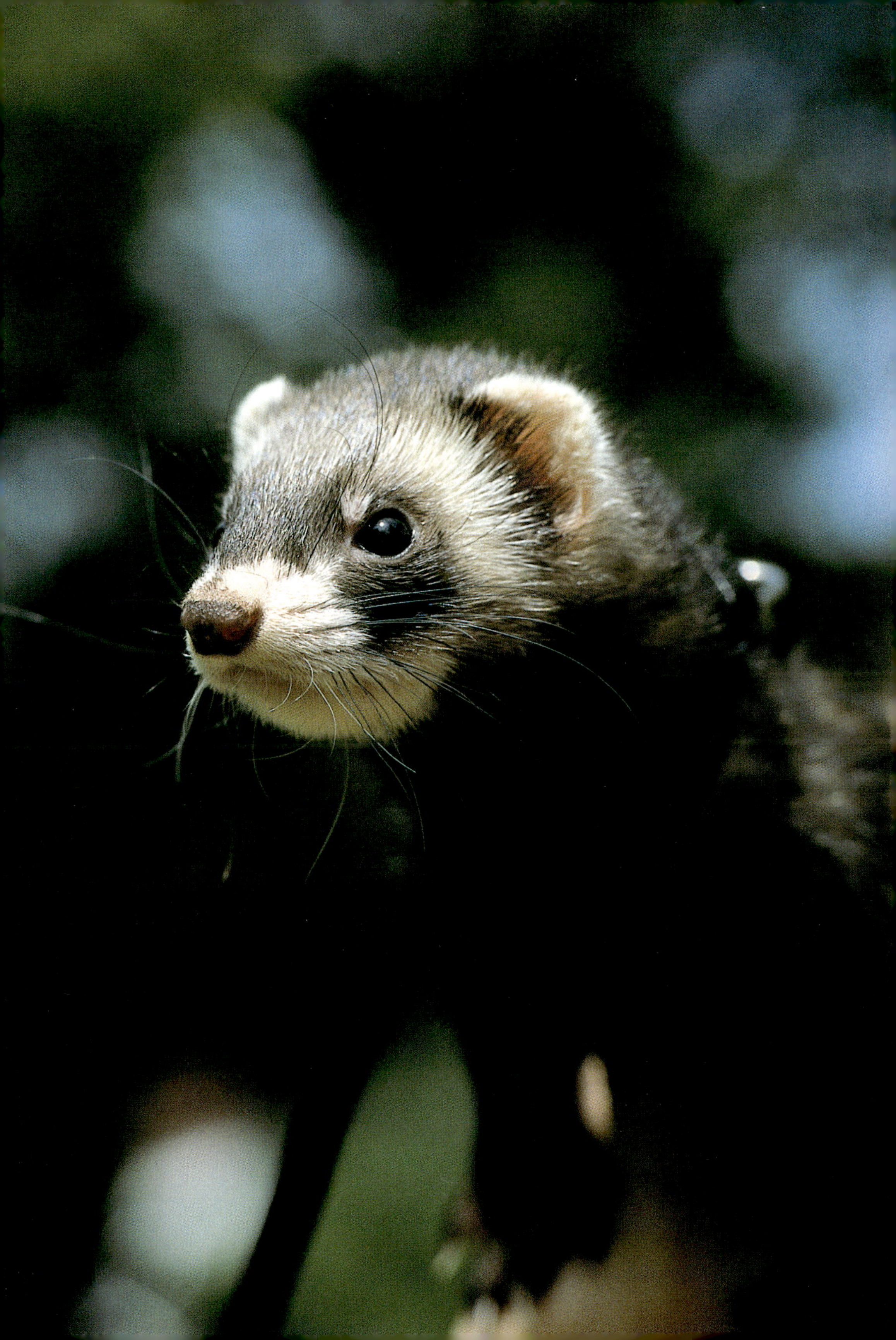

# Adresses

Page de droite :
A la fois curieux et attaché à son maître, le furet adore partir en excursion avec lui.

## Les furets sur internet

Internet est devenu un formidable moyen pour s'informer.
On trouvera sur le sujet de nombreux sites francophones, des adresses d'associations et des liens en tapant le mot "furets" dans les moteurs de recherche classiques ( Yahoo, ou autres ...).

Par ailleurs, les Etats-Unis étant le pays où le furet est le plus répandu en tant qu'animal domestique, les sites et les associations y sont très développés. Pour les recherches de sites en langue anglaise il est bon de savoir que furet se dit "ferret". Nous vous signalons les sites suivants :
Ferret central – http://www.ferretcentral.org
Ferret world – http://www.ferretworld.com
The World Ferret Union and World Ferret Information Center – http://www.home.worldonline.ne/ wfu/ csmith

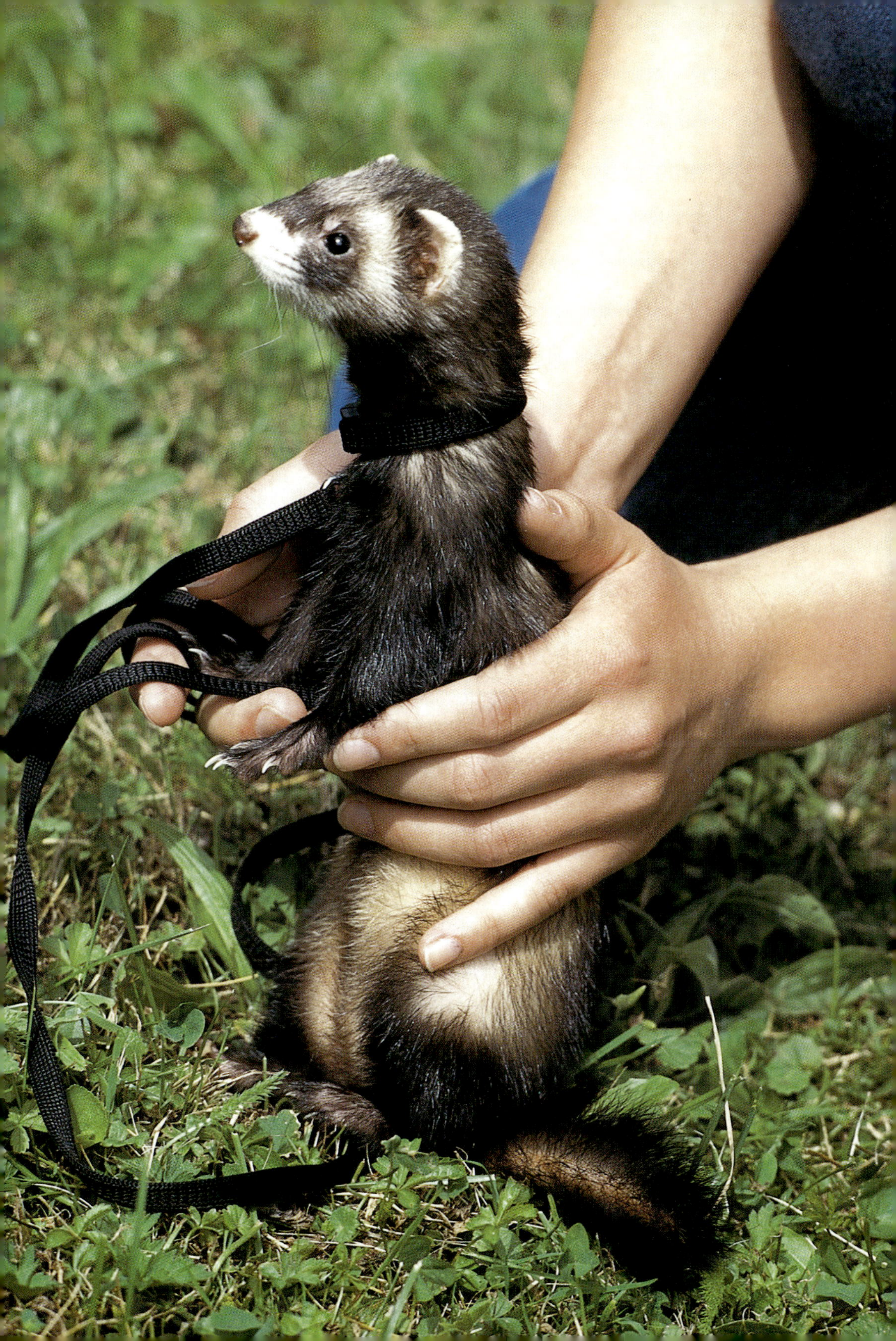

# Bibliographie

La littérature en langue française est encore assez pauvre comparé à la littérature en langue anglaise. Signalons :
Manon Tremblay : Le Furet, Le Jour, 2000

## Littérature en langue anglaise

Bell, J.: The Pet Ferret Owner's Manual. Miracle Workers 1995.
Bucsis G., Somerville, B.: Training Your Pet Ferret. Barron's Educational Series, Ing., October 1997.
Fox, J. G.: Biology and Diseases of Ferret. Lea and Febiger, Philadelphia. 1998.
Lynn, E. and Morton, C.: Ferrets. Barron's Educational Series, New York 1985, 1995.
McKay, J.: The Ferret and Ferreting Handbook. The Crowood Press, Ramsbury 1989.
McKay, J.: Complete Guide to Ferrets. Swan Hill Press Bristol 1995.
Ovechka, G.: Ferrets as a New Pet. T.F.H. Publications, Inc., 1995.
Porter, V. and Brown, N.: The Complete Book on Ferrets. D. & M. Publications, Bedford 1993.
Roberts, M. F.: All About Ferrets. T.F.H. Publications, Inc., New York 1977.
Rosenthal, K.: Ferrets. In: Queensberry, K.E. und Hillyer, E.V. (Hrsg.): Exotic Pet Medicine. The Veterinary Clinics of North America (Small animal Practice), 1994, 24(1).
Shefferman, M. R.: The Ferret: An Owners Guide to a Happy Healthy Pet. NY: Howell Book House, 1996.
Winstead, W.: Ferrets. T.F.H. Publications, Inc., New York 1981.
Winsted, W.: Ferrets in Your Home. T.F.H. Publications, Inc., New York 1990.

## Revues spécialisées (en anglais)

Ferrets USA Magazine est publié une fois par an par Fancy Publications Inc., 3 Burroughs, Irvine, CA 92618, USA.
Modern Ferret est un magazine mensuel, PO Box 1007, Smithtown NY 11787, USA.

# Notes personnelles

SAMI est arrivé à l'âge approximatif de 4 mois le 8 septembre 2001. anniversaire le 8 juin. décédé le 2 avril 2004.

SAMI II est né le 15 février 2004. arrivé le dernier dimanche d'avril 2004 à l'âge de 2 mois ½.

SCOUBI (DOU) né approximativement en juillet ou août 2005 ; arrivé le 15 novembre 2005 à l'âge d'environ 4 mois.

Notes personnelles

Notes personnelles

# Notes personnelles

# Index

Ablation
    des glandes anales, 29
Abreuvoirs, 37
Accidents, 58
Accouplement, 69
Achat, 16, 30
Activités et jeux, 39
Adaptation
    à l'environnement, 41
Albinos, 6, 76
Alimentation, 48
Aménagement
    de l'enclos, 32, 33
Anémie de la furette, 71
Angoras, 76
Arlequins, 76

Bac à litière, 36
Bain, 62
Belette, 9
Blaireau, 9
Blessures, 58

Cage, 33
Caresses, 41
Castration de la femelle, 71
Castration du mâle, 29
Chasse au furet, 13
Chats, les furets avec les, 23
Chiens, les furets avec les, 23
Collier, 83
Comportement, 45

Dents, soins, 65
Désinfection, 56
Domestication, 8, 10

Dominance, 24

Ecuelles, 37
Education, 44
Elevage, 66, 72
Enclos, 33
Enfants, les furets et les, 27

Femelle, 20
Furets albinos, 6, 76
Furets angoras, 76
Furets arlequins, 76
Furets putoisés, 76
Furets siamois, 76

Gestation, 72
Glandes odorantes, 21, 29
Gravidité nerveuse, 71
Griffes, couper les, 63
Grippe, 57

Harnais, 37
Hermine, 9
Hyperœstrogénisme, 71

Jeux, 39

Laisse, 37
Langage du corps, 46

Maladie de Carré, 58
Maladies, 56
Mâle, 20
Martre, 9
Mouffette, 9
Mustélidés, 9

Naissance, 72
Nettoyage de l'enclos, 43
Nourriture, 50

Obstruction
    des glandes odorantes, 57
Odeur, 27
Origine des furets, 6
Ovariectomie, 71

Parasites, 56
Pneumonie, 57
Puces, 56
Putois européen, 6

Rage, 58
Réglementation en Suisse, 16
Reproduction, 68
Rut, 69

Santé, 55
Sconse, 9
Sélection, 76
Siamois, 76
Skunks, 9
Soins corporels, 62
Stérilisation de la femelle, 71

Tatouage, 83
Tiques, 56
Transport, 38, 82

Vacances, partir en, 82
Vaccinations, 58
Vison, 9

93

# Remerciements

*La photographe et l'éditeur remercient Sabina Vrovcevic d'Eglosheim; la famille Breunle de Wendlingen; Monsieur Arnold et Madame Koch de Leinfelden; Anja Meißner, Brackenheim; Sandra Meixner d'Esslingen; Kerstin Wiedel de Göppingen; la famille Arlt de Stuttgart; Inka Martens et Mathias Schwächer de Remshalden; Madame Rilling et Monsieur Kraus de Stuttgart, pour le temps qu'il ont bien voulu consacrer et la patience qu'il ont manifestée lors des séances de photos avec leurs furets.*

L'édition originale de ce livre a été publiée en allemand sous le titre : Frettchen (Heimtiere), par Harald M. Schwammer
© 2000 Verlag Eugen Ulmer GmbH & Co, Stuttgart (Hohenheim)

ISBN 2-84138-144-7

© 2001 Les Editions Eugen Ulmer
5, rue de Charonne
F-75011 Paris
Tél. 01 48 05 03 03
Fax 01 48 05 02 04
E-mail: ulmer@editions-ulmer.fr
Internet: www.editions-ulmer.fr
Conception de la couverture et réalisation : Stefan Bloch
Impression et reliure: Georg Appl, Wemding
Printed in Germany

# Crédits photographiques

Ines Brandau, Gaudies (France): pages 23, 28/29, 38 (gauche), 39.
Dr. Eva-Maria Götz, Stuttgart: page 82.
Bildagentur IPO, Linsengericht: pages 13, 26, 47, 74.
Naturfoto Kuczka, Wetter: page 6.
Regina Kuhn, Stuttgart: 1ère de couverture (grande),
1ère de couverture (petite), photo de la colonne de titre courant,
pages 1, 2, 3, 5, 7, 8 (2x), 9, 12 (2x), 14, 15, 17, 18, 19, 20 (2x), 21, 22,
24, 25, 31, 32, 33, 34, 37, 38 (rechts), 40, 42, 43, 46, 49, 50, 51 (2x),
52/53, 54, 55, 57, 59, 60, 61, 62, 64, 65, 67, 68, 70 (3X), 75, 77, 78, 79,
80, 81, 83, 85, 87, 4ème de couverture.
Günter Moosrainer, Osterhofen: page 11.
Les dessins sont de Christiane Gottschlich, Berlin, d'après indications
de l'auteur et littérature.

# Pour en savoir plus...

**Les Souris, rats et gerbilles.**
G. Gaßner, 1995, 48 pages,
49 photos, 22 dessins, 49 F.
ISBN 2-84138-020-3

**Les Hamsters.**
G.Gaßner, 1996, 48 pages,
50 photos, 22 dessins, 49 F.
ISBN 2-84138-044-0

**Les Lapins nains.**
D. Altmann, 1995, 48 pages,
41 photos, 27 dessins, 49 F.
ISBN 2-84138-042-4

**Les Rats.**
G. Gassner. 1999, 48 pages,
43 photos, 22 dessins, 49 F.
ISBN 2-84138-107-2

**Les Cochons d'Inde.**
D.Altmann, 1995. 48 pages,
36 photos, 23 dessins, 49 F.
ISBN 2-84138-019-X